SOUNDS OF THE SIXTIES

A Journey Through the 1960s Hits with Word Search Puzzles

Leokadya Gierlach

Sounds of the Sixties
A Journey Through the 1960s Hits with History and Word Search Puzzles

Unauthorized reproduction or utilization of any portion of this book is strictly prohibited without prior written consent from Puzzle Play Haven, except for brief excerpts cited for the purpose of review.

Sounds of the Sixties: A Journey Through the 1960s' Hits with Word Search Puzzles

Step back in time with "Sounds of the Sixties: A Journey Through the 1960s Hits with History and Word Search Puzzles!" This fun and engaging book brings you closer to the music that defined a generation. With fascinating histories of iconic '60s songs and the bands behind them, plus word search puzzles for each hit, you'll enjoy hours of entertainment while rediscovering the golden era of rock 'n' roll, Motown, and more. Whether you're a puzzle lover or a music enthusiast, this book is a nostalgic celebration of the greatest hits of the '60s!

Table of Content

The Beatles / Hey Jude..................................8
The Rolling Stones / Satisfaction.....................10
Bob Dylan / Like a Rolling Stone......................12
The Beach Boys / Good Vibrations......................14
Aretha Franklin / Respect.............................16
The Beatles / A Hard Day's Night......................18
Marvin Gaye / I Heard It Through Grapevine...20
Jimi Hendrix / Purple Haze 22
The Supremes / Stop! In the Name of Love....24
Simon & Garfunkel / The Sound of Silence....26
The Who / My Generation...............................28
Otis Redding / The Dock of the Bay...................30
The Kinks / You Really Got Me.........................32
The Beatles / Yesterday...............................34
The Doors / Light My Fire.............................36
The Temptations / My Girl.............................38
Mamas & The Papas / California Dreamin'......40
The Rolling Stones / Paint It Black..................42
Sam Cooke / A Change is Gonna Come..............44
Elvis Presley / Suspicious Minds 46
The Righteous Brothers/Unchained Melody ...48
The Four Tops / Reach Out I'll Be There............50

Table of Content

Dusty Springfield / Son of a Preacher Man......52
The Zombies / Time of the Season......54
Jefferson Airplane / Somebody to Love......56
The Beatles / A Day in the Life......58
Procol Harum / A Whiter Shade of Pale......60
Ben E. King / Stand By Me......62
Stevie Wonder / For Once in My Life......64
The Byrds / Turn! Turn! Turn!......66
The Ronettes / Be My Baby......68
The Rolling Stones / Ruby Tuesday......70
The Supremes / Baby Love......72
Roy Orbison / Oh, Pretty Woman......74
Creedence Clearwater Revival/Proud Mary......76
James Brown / Papa's Got a Brand New Bag......78
The Beatles / I Want to Hold Your Hand......80
Sonny & Cher/ I Got You Babe......82
Nina Simone / I Put a Spell on You......84
The Rolling Stones / Gimme Shelter......86
The Box Tops / The Letter......88
The Monkees / I'm a Believer......90
Wilson Pickett / In the Midnight Hour......92

Table of Content

Janis Joplin / Piece of My Heart..........................94

The Beatles / Come Together.............................96

Dion / Runaround Sue..98

The Lovin' Spoonful / Summer in the City........100

The Beach Boys / Wouldn't It Be Nice 102

Jimi Hendrix / All Along the Watchtower........104

The Rascals / Groovin'...106

SONGS OF THE SIXTIES

The Beatles
Hey Jude (1968)

The Beatles were an English rock band formed in Liverpool in 1960, consisting of John Lennon, Paul McCartney, George Harrison, and Ringo Starr. Widely regarded as the most influential band in the history of popular music, The Beatles spearheaded the British Invasion in the 1960s and helped shape the modern rock genre. Known for their innovative songwriting, groundbreaking albums, and cultural impact, they produced timeless classics like A Hard Day's Night, Sgt. Pepper's Lonely Hearts Club Band, and Abbey Road. Their influence extends beyond music, as they revolutionized fashion, politics, and global youth culture during the 1960s. Despite their breakup in 1970, The Beatles' music continues to inspire generations.

"Hey Jude"

"Hey Jude," released in 1968, is one of The Beatles' most iconic songs, written by Paul McCartney and credited to the Lennon-McCartney partnership. The ballad was inspired by John Lennon's son, Julian, during his parents' divorce, initially titled "Hey Jules" before McCartney changed it to "Hey Jude" for lyrical fluidity. At over seven minutes long, it was the longest single to top the British charts at the time and spent nine weeks at number one on the U.S. Billboard Hot 100. The song became one of the band's best-selling singles, moving over 8 million copies worldwide. Its extended coda and uplifting message of perseverance and comfort contributed to its enduring popularity.

The Beatles
Hey Jude (1968)

A	Q	L	D	N	I	V	V	L	W	W	Y	Z	K	A	J
X	Z	Z	L	P	G	L	E	N	N	O	N	O	J	X	G
C	V	I	P	I	A	F	B	Q	J	U	L	I	A	N	C
N	U	Y	M	C	C	B	A	C	G	F	I	G	Q	V	Y
Z	G	T	I	C	K	O	B	D	G	L	V	W	U	O	U
H	L	R	T	K	C	P	N	E	O	W	E	Z	F	V	P
U	Y	V	R	H	V	A	R	I	Y	Y	R	V	U	E	T
L	T	X	B	E	R	Q	R	E	C	R	P	V	M	A	F
B	B	T	S	N	O	Q	X	T	N	S	O	K	I	B	R
C	D	A	P	B	C	D	V	Z	N	G	O	A	X	I	V
J	Q	T	L	X	K	Z	M	D	P	E	L	N	D	W	I
F	C	G	I	L	B	H	M	Y	F	K	Y	I	G	Q	U
T	H	E	B	E	A	T	L	E	S	V	N	C	S	S	L
F	I	B	B	Z	N	D	F	W	Q	D	H	M	Q	H	B
H	E	Y	J	U	D	E	R	W	I	W	F	Q	C	E	W
I	K	Y	P	O	P	L	S	V	G	W	Z	I	M	X	X

LENNON	BALLAD	JULIAN
ENGLISH	LYRICAL	HEY JUDE
ROCK BAND	MCCARTNEY	LIVERPOOL
ABBEY ROAD	THE BEATLES	ICONIC SONGS

Answer Page: 110

The Rolling Stones
I Can't Get No (Satisfaction) **(1965)**

The Rolling Stones are an English rock band formed in London in 1962, originally featuring Mick Jagger, Keith Richards, Brian Jones, Bill Wyman, and Charlie Watts. Known for their rebellious image and blues-inspired rock sound, the Stones became one of the most successful and enduring bands in rock history. Their raw energy, charismatic stage presence, and songwriting helped define the counterculture of the 1960s and beyond. Albums like Aftermath (1966) and Exile on Main St. (1972) solidified their reputation as one of the greatest rock bands, blending genres like blues, rock, and country. Even after decades of performing and numerous lineup changes, Jagger and Richards continue to tour, making The Rolling Stones one of the longest-running and most successful rock acts of all time.

"I Can't Get No (Satisfaction)"

"I Can't Get No (Satisfaction)" was released by The Rolling Stones in 1965 and is considered one of the greatest rock songs of all time. Written by Mick Jagger and Keith Richards, the song captures a sense of frustration and disillusionment with consumer culture and social expectations. The iconic fuzz guitar riff, played by Richards, became a defining sound of the 1960s. The song topped the charts in both the U.S. and the U.K., spending four weeks at number one on the U.S. Billboard Hot 100. "Satisfaction" was a breakthrough hit for the Stones, cementing their image as rock's bad boys and helping to launch their global fame. The song's raw energy, rebellious lyrics, and infectious riff made it a timeless anthem of youth rebellion.

The Rolling Stones
I Can't Get No (Satisfaction) (1965)

```
Y R X Y V O X P J M T U P J Q W V V
R H O X W J G H B B D H M K K D B B
O E J L R S A T I S F A C T I O N A
D D B R L Q A G P S F X A Z B H G D
M U T E N I C U G C G X N O C C C B
Q E N D L L N F R E E K P M L F H O
B G R Q U L R G S U R H K J C R D Y
W X R K J F I J S X Q J J U P M W S
A V L W Q Z U O Y T G O Z L X O D F
P F N M Y D E Z U X O V R X W R O O
W H H G A M U Y Z S E N H U A T R N
F N K C S D A P G G D I E H T Z J S
W D L O N D O N D M U Z C S T J R Q
L X E D P X T E V B B I W B S O H W
P I T O D F R U S T R A T I O N R R
L E L J B B H C P Z X V B A W E G Q
V S G O Z H I F T B B W T C R S X X
G P N W N K S M Q I Y Y H L S I T F
```

JONES	WYMAN	WATTS
LONDON	JAGGER	RICHARDS
BAD BOYS	REBELLIOUS	FRUSTRATION
FUZZ GUITAR	SATISFACTION	ROLLING STONES

~ 11 ~   Answer Page: 111

Bob Dylan
Like a Rolling Stone (1965)

Bob Dylan, born Robert Zimmerman in 1941, is an American singer-songwriter and one of the most influential figures in popular music and culture. Emerging from the 1960s folk scene, Dylan's deeply poetic lyrics, combined with his distinctive voice and blend of folk, rock, and blues, redefined songwriting. Known for politically charged anthems like Blowin' in the Wind and The Times They Are A-Changin', Dylan became a voice of protest and social change during the Civil Rights and anti-war movements. His decision to "go electric" at the 1965 Newport Folk Festival was a defining moment in music history, bridging folk and rock and paving the way for future genres. With a career spanning over six decades, Dylan has received numerous accolades, including a Nobel Prize in Literature in 2016 for his contribution to songwriting as a literary art form.

"Like a Rolling Stone"

"Like a Rolling Stone," released in 1965, is one of Bob Dylan's most iconic and revolutionary songs. The track, clocking in at over six minutes, broke conventional rules of radio play and was seen as a turning point in Dylan's career, marking his transition from folk to rock music. The song features biting, introspective lyrics that reflect a sense of disillusionment and freedom, directed at a mysterious, fallen character. It peaked at number two on the U.S. Billboard Hot 100 and has been consistently ranked as one of the greatest songs of all time by critics. The song's raw power, surreal lyrics, and electric instrumentation challenged the boundaries of popular music and remains a landmark in Dylan's catalog, symbolizing his influence on both folk and rock genres.

Bob Dylan
Like a Rolling Stone (1965)

C	A	M	I	A	O	B	H	I	A	W	J	U	N	M	C	B
R	C	V	P	R	O	T	E	S	T	N	X	M	A	K	S	F
J	R	O	C	K	M	U	S	I	C	A	V	F	T	L	O	R
G	A	E	S	B	O	B	D	Y	L	A	N	P	Y	E	Q	E
S	N	Y	L	O	P	Z	S	T	O	O	A	Q	M	N	H	E
O	T	C	Y	K	M	N	O	B	E	L	P	R	I	Z	E	D
C	I	J	Q	L	D	C	S	E	T	R	E	T	F	Y	Z	O
I	W	H	Z	M	K	A	A	D	M	S	T	I	O	U	H	M
A	A	J	X	I	Z	K	Z	P	Y	O	D	Q	L	B	V	V
L	R	Z	I	M	M	E	R	M	A	N	J	D	K	V	R	X
C	M	D	C	I	V	I	L	R	I	G	H	T	S	E	I	D
H	B	C	G	H	R	A	W	P	O	W	E	R	C	R	Q	B
A	R	F	G	Y	T	F	N	S	T	R	P	W	E	P	Y	Y
N	Q	U	U	C	T	V	X	S	S	I	H	B	N	A	Q	E
G	B	C	U	L	I	T	T	Y	G	T	H	T	E	L	G	W
E	X	Q	M	U	L	L	Z	M	F	E	L	X	Q	J	O	B
F	G	D	L	V	V	W	N	I	Q	R	H	E	A	S	E	Q

PROTEST   ANTIWAR   FREEDOM
BOB DYLAN   ZIMMERMAN   RAW POWER
FOLK SCENE   SONGWRITER   ROCK MUSIC
NOBEL PRIZE   CIVIL RIGHTS   SOCIAL CHANGE

Answer Page: 112

The Beach Boys
Good Vibrations (1966)

The Beach Boys are an American rock band formed in Hawthorne, California, in 1961, primarily consisting of brothers Brian, Dennis, and Carl Wilson, their cousin Mike Love, and friend Al Jardine. Known for their lush harmonies and pioneering use of studio techniques, they captured the essence of California youth culture with songs about surfing, cars, and romance. Led by Brian Wilson's songwriting and production, The Beach Boys created some of the most innovative and influential music of the 1960s. Their 1966 album Pet Sounds is widely regarded as one of the greatest albums in music history, influencing countless artists with its experimental production and emotional depth. Despite internal struggles and lineup changes over the years, The Beach Boys' timeless sound continues to resonate across generations, earning them a place as one of the most iconic American bands.

"Good Vibrations"

"Good Vibrations" is considered one of the most innovative and sonically complex songs of its era. Written by Brian Wilson and Mike Love, the song was groundbreaking in its use of studio production, employing unconventional instruments like the theremin and splicing together multiple musical sections to create a layered, otherworldly sound. Wilson famously referred to it as a "pocket symphony." The song was a commercial success, reaching number one on the U.S. Billboard Hot 100 and becoming a defining track of the psychedelic era. "Good Vibrations" took more than six months to produce and cost an unprecedented $50,000, making it one of the most expensive singles of its time. Its lush harmonies, complex structure, and visionary production marked a new frontier in pop music, cementing The Beach Boys' legacy as studio innovators.

The Beach Boys
Good Vibrations (1966)

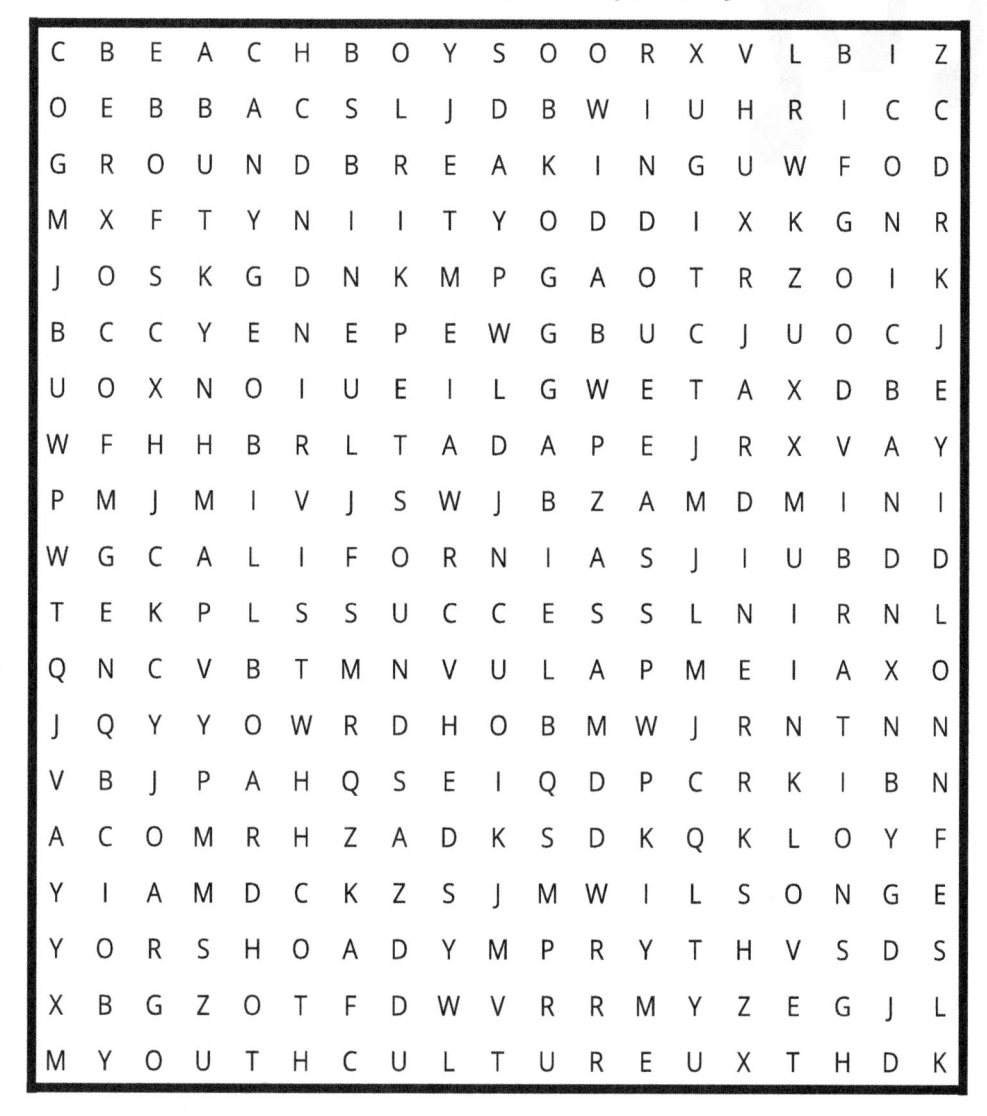

```
C B E A C H B O Y S O O R X V L B I Z
O E B B A C S L J D B W I U H R I C C
G R O U N D B R E A K I N G U W F O D
M X F T Y N I I T Y O D D I X K G N R
J O S K G D N K M P G A O T R Z O I K
B C C Y E N E P E W G B U C J U O C J
U O X N O I U E I L G W E T A X D B E
W F H H B R L T A D A P E J R X V A Y
P M J M I V J S W J B Z A M D M I N I
W G C A L I F O R N I A S J I U B D D
T E K P L S S U C C E S S L N I R N L
Q N C V B T M N V U L A P M E I A X O
J Q Y Y O W R D H O B M W J R N T N N
V B J P A H Q S E I Q D P C R K I B N
A C O M R H Z A D K S D K Q K L O Y F
Y I A M D C K Z S J M W I L S O N G E
Y O R S H O A D Y M P R Y T H V S D S
X B G Z O T F D W V R R M Y Z E G J L
M Y O U T H C U L T U R E U X T H D K
```

LOVE	WILSON	JARDINE
SUCCESS	BEACH BOYS	CALIFORNIA
PET SOUNDS	ICONIC BAND	YOUTH CULTURE
BILLBOARD HOT	GROUNDBREAKING	GOOD VIBRATIONS

Answer Page: 113

Aretha Franklin
Respect (1967)

Aretha Franklin, known as the "Queen of Soul," was an American singer, songwriter, and pianist born in 1942 in Memphis, Tennessee. Her powerful voice, emotional delivery, and gospel roots made her one of the most influential and iconic figures in music history. Franklin rose to fame in the 1960s with a string of hits blending gospel, R&B, and soul, becoming a symbol of strength, resilience, and empowerment, especially for women and African Americans. Her extraordinary career spanned over five decades, during which she won 18 Grammy Awards and was the first woman inducted into the Rock and Roll Hall of Fame in 1987. Known for classics like Chain of Fools, Natural Woman, and I Say a Little Prayer, Franklin's legacy as a cultural and musical trailblazer endures, earning her the title of one of the greatest singers of all time.

"Respect"

"Respect" is one of Aretha Franklin's most iconic songs and a defining anthem of the civil rights and feminist movements. Originally written and recorded by Otis Redding in 1965, Franklin's version transformed the song into a demand for dignity and empowerment, particularly for women and African Americans. Her rendition, with its powerful vocals, infectious rhythm, and iconic "R-E-S-P-E-C-T" bridge, became an instant hit, reaching number one on the U.S. Billboard Hot 100 and earning Franklin two Grammy Awards. The song's blend of soul and political significance helped make it a cultural milestone, resonating with audiences across generations. Franklin's "Respect" not only solidified her as the "Queen of Soul" but also became a rallying cry for justice, freedom, and self-worth.

Aretha Franklin
Respect (1967)

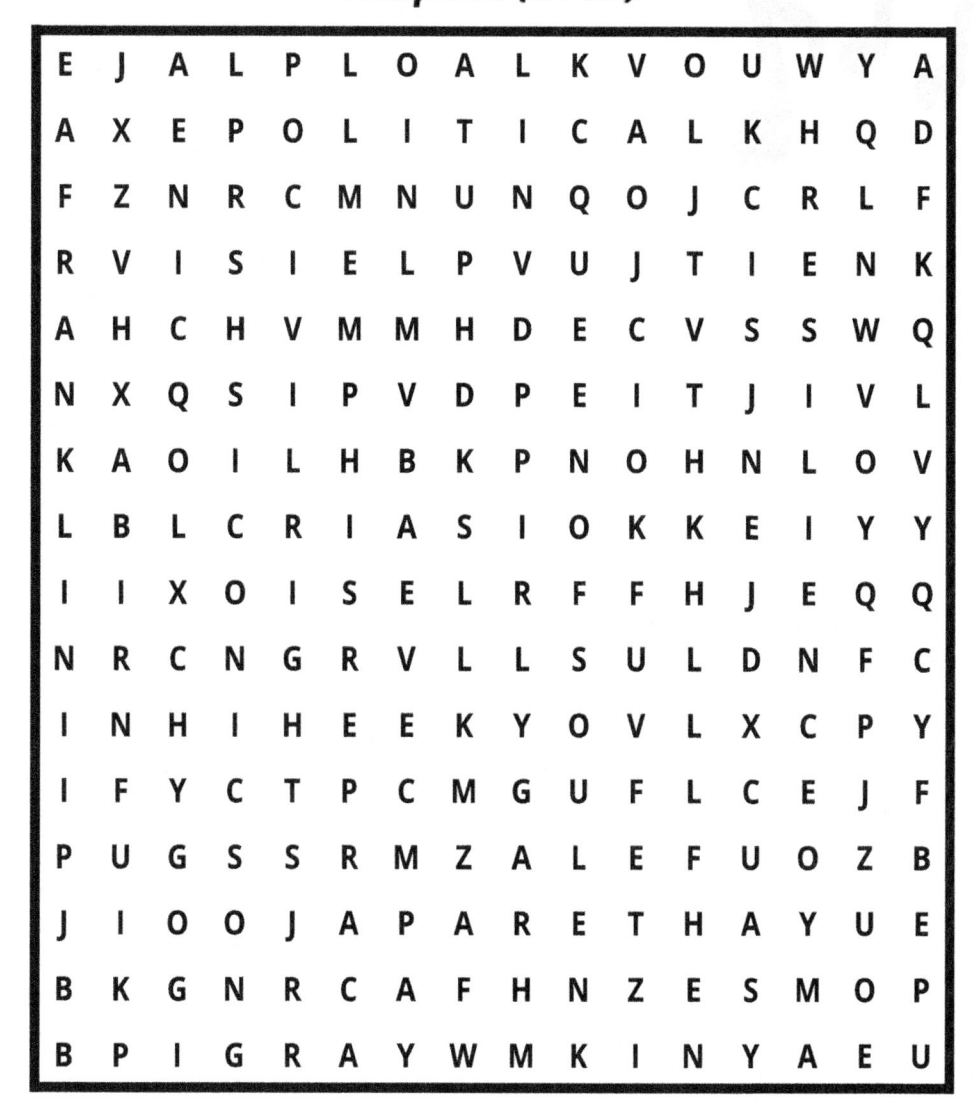

E	J	A	L	P	L	O	A	L	K	V	O	U	W	Y	A
A	X	E	P	O	L	I	T	I	C	A	L	K	H	Q	D
F	Z	N	R	C	M	N	U	N	Q	O	J	C	R	L	F
R	V	I	S	I	E	L	P	V	U	J	T	I	E	N	K
A	H	C	H	V	M	M	H	D	E	C	V	S	S	W	Q
N	X	Q	S	I	P	V	D	P	E	I	T	J	I	V	L
K	A	O	I	L	H	B	K	P	N	O	H	N	L	O	V
L	B	L	C	R	I	A	S	I	O	K	K	E	I	Y	Y
I	I	X	O	I	S	E	L	R	F	F	H	J	E	Q	Q
N	R	C	N	G	R	V	L	L	S	U	L	D	N	F	C
I	N	H	I	H	E	E	K	Y	O	V	L	X	C	P	Y
I	F	Y	C	T	P	C	M	G	U	F	L	C	E	J	F
P	U	G	S	S	R	M	Z	A	L	E	F	U	O	Z	B
J	I	O	O	J	A	P	A	R	E	T	H	A	Y	U	E
B	K	G	N	R	C	A	F	H	N	Z	E	S	M	O	P
B	P	I	G	R	A	Y	W	M	K	I	N	Y	A	E	U

ARETHA   GRAMMY   RESPECT
MEMPHIS   FRANKLIN   POLITICAL
RESILIENCE   ICONIC SONG   GOSPEL ROOTS
HALL OF FAME   CIVIL RIGHTS   QUEEN OF SOUL

Answer Page: 114

The Beatles
A Hard Day's Night (1964)

The Beatles were an English rock band formed in Liverpool in 1960, consisting of John Lennon, Paul McCartney, George Harrison, and Ringo Starr. Widely regarded as the most influential band in the history of popular music, The Beatles spearheaded the British Invasion in the 1960s and helped shape the modern rock genre. Known for their innovative songwriting, groundbreaking albums, and cultural impact, they produced timeless classics like A Hard Day's Night, Sgt. Pepper's Lonely Hearts Club Band, and Abbey Road. Their influence extends beyond music, as they revolutionized fashion, politics, and global youth culture during the 1960s. Despite their breakup in 1970, The Beatles' music continues to inspire generations.

"A Hard Day's Night"

"A Hard Day's Night" is the title track of The Beatles' third studio album and their first feature film, both released in July 1964. Written primarily by John Lennon (with contributions from Paul McCartney), the song captures the whirlwind experience of the band's rise to fame, filled with long days of work and short moments of rest. Known for its iconic opening chord—a jangly, dissonant sound played by George Harrison on a 12-string guitar—the song quickly became a defining hit of the "Beatlemania" era. "A Hard Day's Night" was a commercial success, reaching No. 1 on both the UK Singles Chart and the Billboard Hot 100 in the U.S., staying at the top for two weeks in the latter. It solidified The Beatles' global dominance and became one of their most recognizable early hits.

The Beatles
A Hard Day's Night (1964)

```
P J Q L G C D D D N G G K Y C B G R
N A Y T K Q T O J M H P H D D Y Y N
E F T B E A T L E M A N I A E F U Z
N Q U P C U K C H A R T V N Z M C Y
R X W H I R L W I N D Y T Z K X P L
B K I N V A S I O N D R N B H W O V
O I L O N Z Z S O W A O N M I D L M
K U I P W V I N E C Y C W V V J S B
P J Y Q N R N J C B S K A C Y O X V
Y H L R R E W M B U N G X G S A Q X
T O G A L P G Z J B I E L Z N L F Y
I J H R H Z O Q J K G N E T I L G H
O D S J O Z H L O F H R K G F H N Z
Z C D S H W G V I F T E Y V G K A V
Z Y O U T H C U L T U R E Z U S B P
V G Z W L A A U F I I O R C K J K Y
D X Q S H Y R F M B W C S P P U L S
Z P N S Z L J R N B P B S L G S V T
```

STARR	LENNON	UK CHART
HARRISON	INVASION	POLITICS
MCCARTNEY	WHIRLWIND	ROCK GENRE
BEATLEMANIA	YOUTH CULTURE	HARD DAYS NIGHT

Marvin Gaye
I Heard It Through the Grapevine (1968)

Marvin Gaye, born in 1939 in Washington, D.C., was an American singer, songwriter, and record producer, often referred to as the "Prince of Motown" and "Prince of Soul." With a career spanning over two decades, Gaye became one of the most influential artists in soul and pop music. Known for his smooth voice and socially conscious themes, he played a pivotal role in shaping the Motown sound with hits like Ain't No Mountain High Enough and What's Going On. Gaye's work evolved from romantic ballads to more complex social commentary, addressing issues like poverty, racism, and war, especially in his groundbreaking album What's Going On (1971). Tragically, Gaye's life ended in 1984 when he was shot by his father, but his music continues to inspire and influence artists across generations.

"I Heard It Through the Grapevine"

"I Heard It Through the Grapevine" became one of the most iconic songs of the Motown era. Written by Norman Whitfield and Barrett Strong, the song had been previously recorded by other artists, but Gaye's haunting, emotional delivery made it a definitive version. The song, which describes the anguish of learning about a lover's infidelity through rumors, resonated with audiences due to its raw emotion and Gaye's soulful vocals. It spent seven weeks at number one on the U.S. Billboard Hot 100 and became Motown's biggest-selling single up to that time. The track's blend of Gaye's powerful voice, a driving rhythm, and dramatic orchestration turned it into a timeless classic, solidifying Gaye's status as one of Motown's most significant artists.

Marvin Gaye
I Heard It Through the Grapevine (1968)

```
Q Y G E S R O W M W K G W E T
B X H G E B A L L A R D S A Q
E G R A P E V I N E R U M V H
Q A N K R L I X C P G V J P H
J Y W H W X V U G R A C I S M
M E J A P F D C P I O N A N P
F J F Z S O U L F U L G L P U
F A L J R H V F J L J M N L W
X Z T P Q Y I E S D A W J K D
I O V R S V I N R R O F G Z T
K R N I H C N H G T N R L L T
F N V N R Y R L O T Y N N P D
F Y Q C U O T M A W O X Q D U
D A M E Q Z R H J V Z N R S V
D Y D E D Q J Q M V G E P D A
```

GAYE	MARVIN	PRINCE
MOTOWN	RACISM	RHYTHM
POVERTY	SOULFUL	PRODUCER
BALLARDS	GRAPEVINE	WASHINGTON

~ 21 ~ Answer Page: 116

Jimi Hendrix
Purple Haze (1967)

Jimi Hendrix, born in 1942 in Seattle, Washington, is widely regarded as one of the greatest and most innovative guitarists in rock history. Known for his explosive guitar playing, technical mastery, and genre-defying sound, Hendrix revolutionized the electric guitar with his use of feedback, distortion, and effects pedals. His brief but influential career took off in the late 1960s, after moving to London and forming The Jimi Hendrix Experience. Albums like Are You Experienced and Electric Ladyland showcased his blend of rock, blues, and psychedelia. Hendrix's legendary performance at Woodstock in 1969, where he played a stirring rendition of "The Star-Spangled Banner," remains one of the most iconic moments in music history. Tragically, Hendrix died in 1970 at the age of 27, but his pioneering work continues to influence musicians worldwide.

"Purple Haze"

"Purple Haze" is one of Jimi Hendrix's most famous and enduring songs, often considered the quintessential track of the psychedelic rock era. The song, with its distinctive opening guitar riff, was a showcase of Hendrix's groundbreaking use of distortion and feedback. Written by Hendrix and inspired by both a vivid dream and possibly the hallucinatory experiences of the 1960s counterculture, the lyrics are famously cryptic, with lines like "'Scuse me while I kiss the sky" sparking endless interpretation. "Purple Haze" reached number 3 on the UK Singles Chart and became a defining anthem of the late 1960s. Its fusion of blues, rock, and experimental sounds pushed the boundaries of what rock music could be, cementing Hendrix's reputation as a guitar virtuoso and visionary artist.

Jimi Hendrix
Purple Haze (1967)

W	J	C	R	V	I	A	H	H	J	M	V	B	K	X	L
J	G	A	W	O	I	G	E	G	E	B	B	O	F	B	M
E	I	I	R	O	O	V	N	W	A	N	B	L	P	Q	Y
Z	W	M	Q	H	O	I	I	T	N	L	D	L	J	O	R
W	G	M	I	C	R	D	P	D	K	K	B	R	U	S	O
O	E	A	C	U	M	E	S	A	D	R	P	N	I	E	A
S	X	Q	D	R	B	O	Y	T	W	R	S	A	O	X	S
I	P	N	B	I	X	P	C	K	O	K	E	I	X	C	E
I	E	S	W	X	K	V	H	D	L	C	V	A	Y	R	A
A	R	E	P	H	H	L	E	T	F	N	K	M	M	X	T
S	I	A	N	H	I	Q	D	T	U	T	C	B	K	H	T
T	E	B	L	T	L	U	E	V	K	P	A	D	R	S	L
R	N	H	P	U	R	P	L	E	H	A	Z	E	C	R	E
P	C	R	O	C	K	H	I	S	T	O	R	Y	X	E	F
N	E	B	G	U	I	T	A	R	Y	C	N	F	J	W	Z
T	X	I	H	T	I	L	F	N	Y	U	V	M	V	J	R

JIMI   BLUES   GUITAR
HENDRIX   SEATTLE   ENDURING
WOODSTOCK   EXPERIENCE   PURPLE HAZE
PSYCHEDELIA   VIVID DREAM   ROCK HISTORY

~ 23 ~   Answer Page: 117

The Supremes
Stop! In the Name of Love (1965)

The Supremes were an American female singing group formed in Detroit in 1959, and they became one of Motown's most successful and influential acts. Originally consisting of Diana Ross, Mary Wilson, and Florence Ballard, The Supremes achieved massive commercial success during the 1960s with their polished vocals, glamorous image, and crossover appeal. Under the guidance of Motown founder Berry Gordy and the songwriting/production team of Holland-Dozier-Holland, they scored 12 number-one singles on the Billboard Hot 100, including classics like Where Did Our Love Go, Baby Love, and You Can't Hurry Love. Their success helped pave the way for future African American artists in mainstream pop culture. After Ballard's departure in 1967, the group was renamed Diana Ross & The Supremes, but after Ross left for a solo career in 1970, the group eventually disbanded. The Supremes' legacy as trailblazers in both music and civil rights continues to endure.

"Stop! In the Name of Love"

"Stop! In the Name of Love" is one of The Supremes' most iconic and enduring hits. Written and produced by the legendary Motown team of Holland-Dozier-Holland, the song features Diana Ross's distinctive lead vocals and the group's signature harmonies, set against a backdrop of lush instrumentation and a catchy, dramatic melody. The song tells the story of heartbreak and pleading for love to continue despite infidelity. It became an instant success, reaching number one on the U.S. Billboard Hot 100 and earning the group international acclaim. Its choreography, particularly the signature "stop" hand gesture performed during live performances, became a hallmark of The Supremes' stage act. The song solidified their status as one of Motown's premier acts and has since become a classic of the era, representing the polished, soulful sound that defined 1960s pop.

The Supremes
Stop! In the Name of Love (1965)

```
M E F G U Y Y L D D T A V T I E K M T F
W I Q M H G R A Q K O I J N U T B Z R L
I O J B A G M I C R O S S O V E R E B O
K N J O B R H O O I Z M U C B D R I A R
P X P T T C Y Y T S R P E P O M D B O E
Z C V Z H C B W U O Y E S Q R H V J Q N
G E J A N I T O I O W R W U Y E W K X C
G J X U P C R C M L A N R E A B M T F E
W L X D O O Q Q H Q S D V P U M C E G B
G P K I M N H B O V G O Q Y J G Q Z S A
Q Y W A F I V G F A L H N H Z U E I Y L
I F L N O C F L Y F V H K U C K A O B L
P G U A C E Y B O U X T G D I I P U F A
H E A R T B R E A K I N G H X O T I I R
I A A O S L M S T O P S Y X R T R L E D
B M Y S D A I Z R L Z X P A Q O K V K T
H J O S N M A T R K V N X C J Q C M Z P
P O H I P W E F C V F Y W P R T E O I T
F U T R Z D P B F Z Y R M O X W K W V T
Q J P W J B Z L S R B Q B D Y O S W Q N
```

STOP MOTOWN ICONIC
DETROIT SUPREMES GLAMOROUS
CROSSOVER DIANA ROSS MARY WILSON
NAME OF LOVE HEARTBREAKING FLORENCE BALLARD

- 25 -

Answer Page: 118

Simon & Garfunkel
The Sound of Silence (1964)

Simon & Garfunkel were an American folk rock duo consisting of singer-songwriter Paul Simon and vocalist Art Garfunkel. Formed in the late 1950s, the duo became one of the most iconic acts of the 1960s, known for their tight harmonies and introspective lyrics. Initially gaining popularity during the folk revival, they blended folk, pop, and rock influences in songs like Mrs. Robinson, Bridge Over Troubled Water, and The Boxer. Their music often touched on themes of alienation, social unrest, and personal introspection, resonating with the counterculture of the 1960s. Despite their enormous success, the duo frequently experienced creative tensions, leading to their breakup in 1970. Even so, their timeless music continues to influence and inspire generations, and they remain one of the best-selling music acts of all time.

"The Sound of Silence"

"The Sound of Silence" is one of Simon & Garfunkel's most iconic and enduring songs. Written by Paul Simon in the aftermath of President Kennedy's assassination, the song expresses themes of isolation, societal disconnection, and the failure of communication. Originally recorded as an acoustic track for their 1964 debut album Wednesday Morning, 3 A.M., the song gained little attention until producer Tom Wilson overdubbed electric instruments and drums to create a folk-rock version. This re-released version became a surprise hit, reaching number one on the U.S. Billboard Hot 100. The haunting melody and poetic lyrics, beginning with the famous line "Hello darkness, my old friend," resonated with the anxieties of the 1960s, especially among the counterculture. The success of "The Sound of Silence" helped propel Simon & Garfunkel into stardom and remains one of the most celebrated songs in popular music history.

Simon & Garfunkel
The Sound of Silence (1964)

M	Q	U	E	T	K	W	T	D	G	H	J	P	T	P	V	C
G	D	M	B	R	X	M	S	L	W	P	G	I	X	D	X	C
B	H	R	Z	G	V	N	R	I	Y	F	H	S	E	I	I	I
L	U	S	Y	J	T	Y	E	H	V	N	A	G	M	T	S	Y
D	V	R	D	G	X	H	M	W	H	M	R	V	S	S	B	Y
Y	Z	O	H	Y	A	P	E	L	A	W	M	U	L	L	D	K
K	D	B	M	N	G	R	Y	B	P	A	O	F	K	E	G	R
R	D	I	G	F	M	S	F	X	O	C	N	R	N	C	Q	X
C	K	N	C	I	S	D	O	U	A	X	I	N	Y	N	X	B
T	S	S	O	C	I	A	L	U	N	R	E	S	T	D	X	N
G	I	O	F	O	L	J	R	L	N	K	S	R	G	T	Z	T
V	M	N	W	N	E	J	S	Q	T	D	E	H	J	M	Z	X
I	O	O	Y	I	N	X	W	J	T	U	T	L	Z	S	F	E
Y	N	D	S	C	C	W	W	J	F	S	R	P	Z	A	B	H
W	F	K	F	B	E	T	O	B	K	K	K	E	N	E	Z	Y
V	A	L	I	E	N	A	T	I	O	N	I	J	G	I	D	H
T	Z	O	M	L	K	Q	O	C	Y	O	F	X	Q	D	A	X

SIMON　　　　　　SOUND　　　　　　ICONIC
SILENCE　　　　　KENNEDY　　　　　ACOUSTIC
GARFUNKEL　　　HARMONIES　　　　THE BOXER
ALIENATION　　　MRS ROBINSON　　SOCIAL UNREST

~ 27 ~　　　　　　Answer Page: 119

The Who
My Generation (1965)

The Who are a British rock band formed in London in 1964, consisting of Roger Daltrey, Pete Townshend, John Entwistle, and Keith Moon. Known for their high-energy performances, rebellious attitude, and pioneering rock sound, The Who became one of the most influential rock bands of the 1960s and 1970s. Their blend of rock, power chords, and raw emotion, along with Townshend's innovative guitar techniques and songwriting, helped shape genres like hard rock and punk. Albums like Tommy (1969), Who's Next (1971), and Quadrophenia (1973) are considered rock classics. Their penchant for smashing guitars and equipment on stage, particularly by Townshend and Moon, added to their legendary status. Though they experienced numerous internal conflicts and the tragic death of Keith Moon in 1978, The Who's legacy as one of rock's most important bands continues to thrive.

"My Generation"

"My Generation" is one of The Who's most iconic and influential songs, often seen as an anthem for the 1960s counterculture and youth rebellion. Written by Pete Townshend, the song's defiant lyrics, including the famous line "Hope I die before I get old," captured the frustrations and disillusionment of the post-war generation. Featuring Roger Daltrey's stuttering delivery and John Entwistle's innovative bass solo, "My Generation" was musically groundbreaking and became one of the first songs to express the voice of teenage angst so explicitly. The song reached number two on the UK Singles Chart and is considered one of the most important rock songs in history, often associated with the Mod subculture in Britain. Its raw energy, rebellious spirit, and Townshend's aggressive guitar playing helped cement The Who's place as one of the key figures in rock music, and the song remains a defining moment of 1960s rock.

The Who
My Generation (1965)

```
Y H A C Z K B W U P A B O B F L J
J V X T U W P D H S M R L Y M Z A
A S F L A N V S M L N V R N Y C U
O W R I Y P G S A A M O O N Z P A
T T U I D C F U Y P X D C S T S K
H R S V P U Q N X F G X K B X R J
E N T W I S T L E D K M A D P Z S
W Q R L R S V V Q L G U N J Z J X
H R A F W D Z J N L O N D O N B I
O O T N I D P T H U D L R E Y L Y
M C I I S R E B E L L I O U S J P
E K O A F V R T N U D A L T R Y G
X B N M F U B L Q U B P L O I P S
D A S D V F U T D C E E E M F Y V
T N Q Q Y B P I A K E O Z M Z F Q
A D I T O W N S H E N D W Y N U Y
L M Y G E N E R A T I O N A M V A
```

MOON	TOMMY	LONDON
DALTRY	THE WHO	ROCK BAND
TOWNSHEND	ENTWISTLE	REBELLIOUS
FRUSTRATIONS	MY GENERATION	ROCK AND ROLL

~ 29 ~   Answer Page: 120

Otis Redding
(Sittin' On) The Dock of the Bay (1968)

Otis Redding was an American singer, songwriter, and record producer, widely regarded as one of the greatest soul musicians of all time. Born in 1941 in Dawson, Georgia, Redding became a key figure in the Stax Records sound, known for his powerful voice, emotive delivery, and passionate performances. Emerging in the 1960s, he became a leading force in the development of soul music, with hits like Try a Little Tenderness, These Arms of Mine, and Respect, the latter of which was famously covered by Aretha Franklin. Redding's music blended soul, R&B, and blues, and his influence extended far beyond the genre, making him an important figure in popular music as a whole. Tragically, Redding died in a plane crash in 1967 at the age of 26, just as his career was reaching its peak. Despite his short life, his impact on music endures, and he is remembered as one of the greatest voices in soul history.

"Sittin' On the Dock of the Bay"

"Sittin' On the Dock of the Bay," released posthumously in 1968, became Otis Redding's signature song and one of the most beloved tracks in soul music history. Written by Redding and guitarist Steve Cropper, the song was recorded just days before Redding's untimely death. With its mellow, introspective lyrics about solitude and longing, combined with the soothing sound of ocean waves, the song marked a departure from Redding's usual energetic style, showcasing a more reflective side of his artistry. The track became the first posthumous number-one single on the U.S. Billboard Hot 100 and earned two Grammy Awards. Its blend of soul, folk, and pop elements, along with its wistful mood, made "Sittin' On the Dock of the Bay" a timeless classic, symbolizing Redding's immense talent and lasting influence on music.

Otis Redding
(Sittin' On) The Dock of the Bay (1968)

```
T P R O D U C E R I E X N D W Q T A P
T B P P Z U N W I O T C V Y Z Y P Z Z
R P I F L F C Y Q A H K P Y W Q K Q P
E L E E A Q K E S O U L P P A N J W B
Q N F H R C I T Q F V Q H Y I G I G E
J U J L E Y J A H G N A P B N C B A A
V W K M T W P I B Z Y X C A T E U S Z
N U N Y H K R B I L L B O A R D D B W
A P M B A L U D V R U W O L O V N M D
J P J K F T K D D C W B T Y S W L P I
H L Q R R X Y Y U R W A I D P D N R M
R A K R A E X O D O J A S L E T Z O P
M N C N N E S O S T A X R E C O R D S
R E B X K V V X O G K D E T T V E U Y
J C T N L S Z B I L Y A D G I U H C Q
M R R M I T O K J U G W D F V R D E Z
O A U Y N V N N E Q F S I E E G C R L
S S I G N A T U R E S O N G O R X Q K
D H D R A I V G T Q A N G E O R G I A
```

SOUL DAWSON GEORGIA
PRODUCER PRODUCER BILLBOARD
PLANE CRASH OTIS REDDING STAX RECORDS
INTROSPECTIVE SIGNATURE SONG ARETHA FRANKLIN

~ 31 ~ Answer Page: 121

The Kinks
You Really Got Me (1964)

The Kinks were a British rock band formed in London in 1963 by brothers Ray and Dave Davies, along with Mick Avory and Pete Quaife. Emerging during the British Invasion, The Kinks became known for their distinctive sound, blending rock, rhythm and blues, and pop, with sharp songwriting and infectious riffs. Ray Davies' clever, socially observant lyrics and Dave Davies' innovative, distorted guitar playing set the band apart. Their early hits like All Day and All of the Night and Tired of Waiting for You helped define the sound of the mid-1960s, but the band also evolved with concept albums like The Kinks Are the Village Green Preservation Society. Despite internal tensions and lineup changes, The Kinks' influence on rock, punk, and alternative music is undeniable, and they are considered one of the most important and enduring bands of the British Invasion era.

"You Really Got Me"

"You Really Got Me," released in 1964, is The Kinks' breakout hit and one of the most influential rock songs of all time. Written by Ray Davies and driven by Dave Davies' raw, distorted guitar riff, which became a precursor to the power chord, the song is often credited with helping to pave the way for hard rock and punk. Its simple, yet aggressive structure and infectious energy made it an instant success, reaching number one on the UK Singles Chart and breaking into the U.S. Top 10. The track's garage rock sound, along with its intense, almost primal delivery, captured the rebellious spirit of the 1960s. "You Really Got Me" not only propelled The Kinks to international fame but also had a lasting influence on future generations of rock musicians, from heavy metal to punk and beyond.

The Kinks
You Really Got Me (1964)

```
B J H B M Q A E B C Y B H T Q P M C T E O
Y O U R E A L L Y G O T M E A W W V G L L
W W Y I H S J X B Q P S U G H W C S M C B
O I V T E S V X Y L B X O U X O N P Q A N
X S V I S Q S C Y P L Q M V B N U T X O V
F Q V S Z J W M A U O C M Y F N C I I N O
T A J H K N S W Y N T M O H S I N S S M E
D J H B L C O I P K E X K C S P A F D X Y
B R E A K O U T C O Z N L U S V K U X E C
L F I N P K G O Q M D D M O N O U W S F U
Z M G D W L R M Q T H E K I N K S T N C B
V S P N R E C W E L V R C P F D M J F D V
O A U Y G J B C O I J Z I G Q U O H H I S
V V S A A R W C T Y D N O V Q J Z N P K V
O B R A S K A A T Z F R D V P H F J N S L
K A V O R Y N S R F H X G S P R P W V K U
G S U X W R G C Q U A I F E S Q W I Z N I
F Q K M E Y U U Z L N F G W Q F S Z V G L
S H J T E E S C T M S V U R G Z W Y N P X
O L L T R D Z L J E Q Y Z T N Q W I X K U
T A R D R G E B Q D U X Q U M P U W B Q W
```

PUNK
DAVIES
BREAKOUT
BRITISH BAND
AVORY
QUAIFE
THE KINKS
ALTERNATIVE MUSIC
LONDON
INVASION
GARAGE ROCK
YOU REALLY GOT ME

The Beatles
Yesterday (1965)

The Beatles were an English rock band formed in Liverpool in 1960, consisting of John Lennon, Paul McCartney, George Harrison, and Ringo Starr. Widely regarded as the most influential band in the history of popular music, The Beatles spearheaded the British Invasion in the 1960s and helped shape the modern rock genre. Known for their innovative songwriting, groundbreaking albums, and cultural impact, they produced timeless classics like A Hard Day's Night, Sgt. Pepper's Lonely Hearts Club Band, and Abbey Road. Their influence extends beyond music, as they revolutionized fashion, politics, and global youth culture during the 1960s. Despite their breakup in 1970, The Beatles' music continues to inspire generations.

"Yesterday"

"Yesterday," a Beatles classic, was released in 1965 on their album Help! and is widely regarded as one of the most covered songs in music history. Written by Paul McCartney, the song was originally titled "Scrambled Eggs" as a placeholder before the final lyrics came together. Unlike typical Beatles songs, "Yesterday" features only McCartney, accompanied by a string quartet—a departure from their usual rock style. The song was not immediately released as a single in the UK but was issued as one in the U.S., where it topped the Billboard Hot 100 for four weeks. It was also the first Beatles song to be performed solo, marking a significant evolution in their musical style.

The Beatles
Yesterday (1965)

L	N	C	T	Z	J	Q	M	H	N	C	Z	J	X	J	F	M	L
Q	F	B	I	L	L	B	O	A	R	D	T	O	P	N	S	U	Y
N	K	B	T	E	S	K	T	X	B	Q	K	G	V	U	T	S	B
K	E	Y	E	S	T	E	R	D	A	Y	R	H	G	W	R	I	I
U	O	S	N	L	C	O	G	H	O	O	F	B	I	U	I	C	C
J	R	L	G	O	A	R	F	X	I	L	O	N	D	O	N	A	W
I	O	H	L	H	Q	P	A	M	C	H	L	N	G	W	G	L	M
Q	C	W	A	J	F	F	W	M	B	B	R	H	V	Y	Q	S	S
X	K	F	N	N	K	V	X	U	B	U	E	L	F	G	U	T	O
M	S	H	D	B	R	P	U	W	Q	L	G	A	O	V	A	Y	L
S	T	D	M	G	H	E	D	L	O	H	E	E	T	D	R	L	I
U	Y	V	A	R	E	L	U	S	E	C	R	D	E	L	T	E	Z
G	L	P	A	U	L	M	C	C	A	R	T	N	E	Y	E	C	C
Z	E	E	D	E	P	I	M	Y	D	W	M	U	P	G	T	S	S
O	K	E	K	K	R	X	Q	X	H	K	J	S	F	G	G	Z	R
Y	J	N	F	Y	R	T	J	G	R	H	T	Z	S	M	J	S	G
C	J	L	L	E	D	A	F	Y	X	Q	D	B	T	K	M	B	L
O	P	C	D	V	P	Z	K	I	K	A	W	M	W	Z	Z	S	P

HELP   LONDON   LYRICS
BEATLES   ENGLAND   YESTERDAY
ROCK STYLE   BILLBOARD TOP   MUSICAL STYLE
PAUL MCCARTNEY   SCRAMBLED EGGS   STRING QUARTET

Answer Page: 123

The Doors
Light My Fire (1967)

The Doors were an American rock band formed in Los Angeles in 1965, consisting of Jim Morrison (vocals), Ray Manzarek (keyboard), Robby Krieger (guitar), and John Densmore (drums). Known for their dark, poetic lyrics, bluesy rock sound, and Morrison's enigmatic stage presence, The Doors became one of the most influential and controversial bands of the 1960s. Their music blended rock, jazz, blues, and psychedelia, with Manzarek's keyboard work creating a distinctive sound. The band's self-titled debut album, released in 1967, catapulted them to fame, featuring iconic tracks like Break On Through and Light My Fire. Morrison's deep voice and lyrical exploration of existential themes and rebellion made The Doors an essential part of the counterculture movement. Despite Morrison's tragic death in 1971 at the age of 27, The Doors' legacy remains strong, with their music continuing to inspire new generations.

"Light My Fire"

"Light My Fire" is The Doors' most commercially successful and iconic song, featuring a blend of rock, jazz, and psychedelic influences. Written primarily by guitarist Robby Krieger, the song became a signature track for the band with its unforgettable keyboard intro by Ray Manzarek and Jim Morrison's deep, sultry vocals. The original version, which spans over seven minutes, includes an extended instrumental break showcasing the band's musicianship. A shorter radio edit helped the song climb to number one on the U.S. Billboard Hot 100, where it stayed for three weeks. "Light My Fire" is not only a quintessential 1960s anthem but also a defining moment for The Doors, highlighting their ability to fuse poetic lyrics, rock energy, and improvisational artistry. It remains one of the most recognized songs of the era and a landmark in rock music history.

The Doors
Light My Fire (1967)

X	I	F	J	L	C	B	J	L	A	Y	D	Y	Q	I	V	L	I
A	I	R	Y	W	P	F	D	E	Z	K	D	V	N	S	Q	S	Q
O	T	L	U	S	K	D	E	G	K	W	O	P	D	N	Q	X	F
O	R	U	N	R	U	V	N	A	V	Z	P	L	F	K	D	K	E
A	A	V	U	A	J	G	S	C	G	X	D	M	K	O	D	R	B
J	G	L	I	G	H	T	M	Y	F	I	R	E	X	M	C	I	T
L	I	H	J	S	P	W	O	D	D	B	B	Z	B	L	U	E	S
R	C	K	F	U	M	O	R	I	Q	X	P	I	K	Z	Z	G	G
T	D	D	W	L	H	M	E	C	K	R	A	E	S	H	Z	E	K
A	E	S	U	T	O	A	Q	O	Z	Q	S	Z	M	L	E	R	U
M	A	E	K	R	P	U	D	N	T	H	E	D	O	O	R	S	E
B	T	A	M	Y	K	F	T	I	K	Z	D	L	T	O	G	S	R
F	H	W	H	V	S	I	E	C	A	M	S	D	B	A	U	P	R
J	I	M	M	O	R	R	I	S	O	N	G	G	H	X	C	S	O
X	G	D	K	C	M	O	V	O	T	Z	U	Y	A	E	K	O	Q
M	A	N	Z	A	R	E	K	N	N	G	Q	C	S	R	S	U	X
D	X	B	I	L	S	A	X	G	M	I	Z	N	R	S	E	O	T
U	F	V	V	S	T	A	G	E	P	R	E	S	E	N	C	E	R

BLUES   LEGACY   KRIEGER
MANZAREK   DENSMORE   THE DOORS
ICONIC SONG   JIM MORRISON   TRAGIC DEATH
LIGHT MY FIRE   SULTRY VOCALS   STAGE PRESENCE

The Temptations
My Girl (1964)

The Temptations are an American vocal group that became one of Motown's most successful and influential acts. Formed in Detroit in 1960, the classic lineup included Otis Williams, David Ruffin, Eddie Kendricks, Paul Williams, and Melvin Franklin. Known for their smooth harmonies, impeccable choreography, and sophisticated image, The Temptations were instrumental in defining the "Motown Sound." Their ability to blend R&B, soul, and pop led to a string of chart-topping hits throughout the 1960s and 1970s, including Ain't Too Proud to Beg, Just My Imagination, and Papa Was a Rollin' Stone. The group's innovative approach, which often included socially conscious themes, as well as their vocal versatility and dynamic stage presence, earned them a lasting legacy as one of the greatest vocal groups in history. Over the decades, The Temptations underwent several lineup changes, but their influence on soul and popular music remains profound.

"My Girl"

"My Girl" is one of The Temptations' most iconic and enduring hits. Written and produced by Smokey Robinson and Ronald White of The Miracles, the song was a showcase for lead singer David Ruffin's rich, soulful vocals. Its infectious melody, lush string arrangement, and heartfelt lyrics celebrating love and admiration made it an instant classic. My Girl became the group's first number-one hit on the U.S. Billboard Hot 100 in 1965 and helped solidify their place in Motown's elite roster of acts. The song's smooth, timeless sound continues to resonate, and it remains one of the most recognizable and beloved soul songs in music history. My Girl not only propelled The Temptations to superstardom but also became a hallmark of the Motown era, representing the label's signature blend of emotional depth and commercial appeal.

The Temptations
My Girl (1964)

```
Q W I H L P S O C I A L T H E M E S Q
O I M Y G I R L E M Q E V R V T G J T
H Z Y M L C P R I E G G O B F Q N B V
V P Y F Q E N R B B E A C A Y F E O Z
Z H C H K M J R S O R C A Y K V R W X
O R Z O T C M C M C E Y L X W N H V X
V I Z G O H Y Z N F Q J G V T V A C M
O R W C F O X B R J Q I R T I Y R R L
P N L Q Z R T L M T X L O E J O M O V
C E R I B E R N X S A T U M O J O X I
O U S B L O Q F J R E T P P M X N E I
R T N M X G P H V E R S A T I L I T Y
Z E D E T R O I T K E M V A S M E G Q
H H S N L A R Q V T A Z L T N O S J C
B E W P O P U L A R M U S I C T P J J
Z C P T I H L R A O I Z X O J O O O U
S M O K E Y R O B I N S O N K W B C S
I F U W J F D Y B C W P A S S N V X V
W W R B C Y W L E X I X M C E W Y N X
```

MOTOWN	LEGACY	DETROIT
MY GIRL	HARMONIES	TEMPTATIONS
VOCAL GROUP	VERSATILITY	CHOREOGRAPHY
SOCIAL THEMES	POPULAR MUSIC	SMOKEY ROBINSON

Answer Page: 125

The Mams & The Papas
California Dreamin' (1965)

The Mamas & the Papas were an American folk-rock vocal group that emerged in the mid-1960s and became one of the defining acts of the era. The group consisted of John Phillips, Michelle Phillips, Denny Doherty, and Cass Elliot, whose rich harmonies and genre-blending sound combined elements of folk, rock, and pop. Formed in 1965, the group rose to fame with their debut album If You Can Believe Your Eyes and Ears, which produced several hit singles and showcased their signature lush vocal arrangements. Their music often reflected the countercultural movement of the 1960s, capturing the spirit of youthful optimism and longing. Despite their success, the band was plagued by internal conflicts and personal tensions, leading to their breakup in 1968. Nevertheless, The Mamas & the Papas left a lasting legacy as one of the key figures of 1960s pop and folk rock.

"California Dreamin'"

"California Dreamin'" is The Mamas & the Papas' most iconic song and a defining anthem of the 1960s. Written by John and Michelle Phillips during a cold winter in New York, the song reflects their longing for the warmth of California, embodying themes of escape and idealism. The track features the group's signature harmonies, accompanied by a haunting flute solo and rich folk-rock instrumentation. Upon its release, "California Dreamin'" became a massive hit, reaching number 4 on the U.S. Billboard Hot 100 and solidifying the band's place in the emerging folk rock scene. The song's evocative lyrics and warm, wistful sound resonated with listeners, capturing the yearning for freedom and sunshine that characterized much of the counterculture movement. It remains one of the most recognizable songs of the era, symbolizing the 1960s California dream and the band's lasting influence on popular music.

The Mams & The Papas
California Dreamin' (1965)

```
T C T F Z R B V T R Z C O K L Y P S T
K U T F Q R D D E N Y S A C V U Y O E
U C I Y S O L P Y U M L A V M A M S N
R K K M A M A S A N D P A P A S U V C
Q F E Y G H S M V B L H Z U I P F P O
X O M K H G T P P H E S I L G I P V U
A L V C A L I F O R N I A N I Z S O N
J K G Z R V N M J O V E O Q D F L Y T
M F S N M U G I G D D S X J F O Y Z E
D O E W O A L E W I C E D L S G L N R
G C G P N F E U D I I N T E J W A F C
D K J Z I H G R N L O P T I M I S M U
K X A T E V A O W T M U Y W X T A G L
J I D Z S O C D Z F L E F W Q L G J T
R C X I B I Y A S F N N B M X Y M C U
K X V L V Y G J J X V R F Q U X T U R
M R L M U M C H K U Z C X U W R T Y E
Y I U K W O C W W J K B T I S U V A O
B F E U W N D R E A M I N C J F A A J
```

DREAMIN	OPTIMISM	IDEALISM
HARMONIES	FOLK FOCK	BILLBOARD
CALIFORNIA	FLUTE SOLO	ICONIC SONG
COUNTERCULTURE	LASTING LEGACY	MAMAS AND PAPAS

The Rolling Stones
Paint it Black (1966)

The Rolling Stones are an English rock band formed in London in 1962, originally featuring Mick Jagger, Keith Richards, Brian Jones, Bill Wyman, and Charlie Watts. Known for their rebellious image and blues-inspired rock sound, the Stones became one of the most successful and enduring bands in rock history. Their raw energy, charismatic stage presence, and songwriting helped define the counterculture of the 1960s and beyond. Albums like Aftermath (1966) and Exile on Main St. (1972) solidified their reputation as one of the greatest rock bands, blending genres like blues, rock, and country. Even after decades of performing and numerous lineup changes, Jagger and Richards continue to tour, making The Rolling Stones one of the longest-running and most successful rock acts of all time.

"Paint it Black"

"Paint It Black" is a landmark song by The Rolling Stones, released in May 1966 as part of their album Aftermath. Written by Mick Jagger and Keith Richards, the song explores themes of grief, depression, and existential darkness, reflecting a shift towards more introspective and experimental material for the band. Musically, "Paint It Black" is notable for its distinctive sitar riff, played by Brian Jones, which gives the song its Eastern, psychedelic flair. The innovative use of the sitar helped merge rock with elements of Indian music, contributing to the evolving sound of 1960s rock. The song was a commercial success, topping the Billboard Hot 100 in the U.S. and the UK Singles Chart. It remains one of The Rolling Stones' most iconic tracks, often associated with the countercultural mood of the late 1960s.

The Rolling Stones
Paint it Black (1966)

```
Y U X K S Y B S C R C K Z E T F L W
O V I K I G Q D E H Q Y Q H I K S X
C H A R L I E W A T T S S V E O X Z
H R R O C K S O U N D I F T F H Q Z
A K D L M J O N V Z L A E M W R K N
R B E L U B J C Z G P Y D Q E K B V
I B R I A N J O N E S W F G C V G G
S I C N T R C E M U U J G A L C P L
M L X G U H A R H V T A L B A B E I
A L O S C U R T J J J B L R U W P W
T W Y T V Y A I S K T V E R R O K O
I Y I O J M G O C I S C I O S B E S
C M E N R G T I T H U G T U C W H R
Q A K E X F M N D I A E Z T K T T H
Q N T S Q L I Z C Z N R Q M X E J A
L F S E Z A F T T I O T D D D X L W
A R W J P C D A R K N E S S E Q A Z
K X B H O A M U T F R Z A R H R W H
```

ENGLISH   DARKNESS   AFTERMATH
BILL WYMAN   ROCK SOUND   MICK JAGGER
BRIAN JONES   CHARISMATIC   CHARLIE WATTS
ROLLING STONES   KEITH RICHARDS   PAINT IT BLACK

- 43 -   Answer Page: 127

Sam Cooke
A Change Is Gonna Come (1964)

Sam Cooke, often referred to as the "King of Soul," was a pioneering American singer, songwriter, and entrepreneur, born in 1931 in Clarksdale, Mississippi. Cooke's smooth, gospel-inflected voice and crossover appeal helped shape the future of soul music, making him one of the most influential figures of the 1950s and 1960s. With hits like You Send Me, Cupid, and Twistin' the Night Away, Cooke became a pop sensation while maintaining his roots in gospel. Beyond his music, Cooke was a trailblazer in the business, founding his own record label and publishing company, which gave him control over his work in an era when many Black artists were exploited. Tragically, Cooke was killed in 1964 under controversial circumstances, but his legacy as a civil rights advocate and soul music icon endures.

"A Change is Gonna Come'"

"A Change Is Gonna Come," released posthumously in 1964, is Sam Cooke's most powerful and enduring song, often regarded as a civil rights anthem. Inspired by Bob Dylan's Blowin' in the Wind and Cooke's own experiences with racial discrimination, the song's poignant lyrics reflect the struggles and hopes of African Americans during the civil rights movement. Unlike many of Cooke's earlier pop hits, A Change Is Gonna Come features a lush orchestral arrangement and a more solemn, reflective tone. The song was recorded in 1963, just before Cooke's untimely death, and it became a symbol of resilience and the fight for equality. Though it wasn't a major commercial success upon its initial release, A Change Is Gonna Come gained recognition over the years as one of the most significant and moving songs of the 1960s. It has since become an enduring anthem for justice, symbolizing Cooke's legacy as both a musical innovator and a voice for social change.

Sam Cooke
A Change Is Gonna Come (1964)

N	P	Y	H	R	F	E	J	T	W	Q	E	P	P	F	W
C	H	A	N	G	E	N	Q	D	U	D	Y	B	H	D	L
X	Z	H	C	R	O	S	Z	L	C	T	Y	C	F	Y	V
B	I	R	L	K	X	S	I	J	I	U	M	L	J	G	W
Y	C	T	A	W	O	I	P	L	V	J	B	L	I	O	I
B	O	N	R	C	Y	E	A	E	I	S	W	P	H	N	H
E	O	U	K	D	U	U	N	L	L	E	R	J	P	N	C
F	J	B	S	I	Q	P	N	S	R	V	N	S	N	A	G
Z	X	J	D	E	N	Y	I	G	I	Q	O	C	E	C	D
U	K	L	A	Y	N	G	I	D	G	B	P	I	E	O	E
Z	C	Z	L	B	L	D	O	P	H	M	V	N	C	M	M
E	X	A	E	Z	J	A	M	F	T	J	M	E	X	E	A
C	V	Q	Y	T	X	Y	N	E	S	Q	C	S	F	A	M
R	O	M	E	M	D	E	T	P	A	O	F	I	D	A	M
P	S	A	M	C	O	O	K	E	G	H	U	N	F	S	U
O	V	N	Y	C	O	S	D	F	I	L	O	L	B	H	J

CUPID CHANGE EQUALITY
SAM COOKE BOB DYLAN GONNA COME
CLARKSDALE RESILIENCE YOU SEND ME
KING OF SOUL GOSPEL VOICE CIVIL RIGHTS

Elvis Presley
Suspicious Minds (1969)

Elvis Presley, born in 1935 in Tupelo, Mississippi, is widely regarded as the "King of Rock and Roll." He became one of the most influential cultural icons of the 20th century, blending elements of blues, country, and gospel into a new style that helped define the sound of rock and roll. Rising to fame in the mid-1950s with hits like Heartbreak Hotel, Hound Dog, and Jailhouse Rock, Presley's charisma, deep voice, and provocative performance style captivated audiences and sparked a cultural revolution. He achieved unprecedented success in both music and film, becoming a global superstar. Despite his later struggles with health and addiction, Presley's legacy as a groundbreaking artist continues to influence countless musicians. He passed away in 1977 at the age of 42, but his music and larger-than-life persona have made him one of the most enduring figures in popular music history.

"Suspicious Minds"

"Suspicious Minds" is one of Elvis Presley's most iconic late-career hits and marked a major comeback for the King of Rock and Roll. Written by Mark James, the song tells the story of a troubled relationship plagued by mistrust and doubt. The track's intense emotional delivery, combined with its driving rhythm and soulful backing vocals, captured a sense of urgency and longing. Recorded during Presley's famous sessions at American Sound Studio in Memphis, Suspicious Minds became his first number-one single in the U.S. since 1962, topping the Billboard Hot 100. It is widely considered one of his greatest recordings and a highlight of his career resurgence in the late 1960s. The song's powerful lyrics and Presley's passionate performance made it a timeless classic, ensuring its place in rock history as a defining moment in the final chapter of his musical legacy.

Elvis Presley
Suspicious Minds (1969)

Q	G	O	L	X	A	E	I	M	Q	H	H	Y	E	I	A	S	L	E	J
C	J	B	B	Q	Z	W	P	Z	N	N	K	O	L	K	Z	R	K	I	U
S	S	M	J	R	D	A	C	W	A	J	I	E	M	D	P	Y	M	S	S
Q	L	E	U	O	F	N	O	U	Q	B	N	V	H	D	E	Z	L	P	Y
V	Y	C	H	A	R	I	S	M	A	W	G	Z	M	L	E	F	J	S	P
H	F	M	O	E	J	T	Q	Y	S	Z	O	N	S	U	P	R	J	P	Y
Y	R	Z	U	U	A	I	N	I	D	P	F	E	J	B	F	Z	K	D	A
F	T	S	N	J	I	R	S	U	P	E	R	S	T	A	R	N	J	I	J
E	I	N	D	M	L	V	T	F	S	P	O	H	D	W	T	M	S	K	T
W	J	T	D	I	H	U	G	B	S	B	C	V	V	Y	U	Q	K	B	K
T	B	P	O	L	O	S	T	I	R	U	K	A	Q	W	P	S	X	L	D
A	E	H	G	Z	U	Q	V	R	N	E	S	E	Y	S	E	G	N	C	Y
F	C	H	H	O	S	L	S	M	I	T	A	P	S	R	L	I	V	S	B
V	R	D	A	D	E	R	Y	Q	E	Z	Q	K	I	Q	O	Q	R	K	S
B	V	U	N	T	R	Y	W	H	W	M	E	Y	H	C	B	I	S	D	U
Q	P	I	D	K	O	K	Q	V	U	P	P	P	G	O	I	K	R	V	Z
Q	M	U	N	L	C	K	U	Z	K	U	Z	H	R	T	T	O	P	Q	I
D	G	J	Y	W	K	N	G	A	Q	Z	S	E	I	Y	E	E	U	R	F
W	N	C	U	L	T	U	R	A	L	I	C	O	N	S	V	M	L	S	C
H	Y	U	R	A	T	U	L	R	R	G	L	A	C	B	T	Q	U	O	G

MINDS   TUPELO   MEMPHIS
CHARISMA   HOUND DOG   SUPERSTAR
SUSPICIOUS   KING OF ROCK   ELVIS PRESLEY
CULTURAL ICONS   JAILHOUSE ROCK   HEARTBREAK HOTEL

Answer Page: 129

The Righteous Brothers
Unchained Melody (1965)

The Righteous Brothers were an American musical duo consisting of Bill Medley and Bobby Hatfield, known for their emotive vocals and powerful harmonies. Formed in 1963, the duo blended elements of pop, soul, and rhythm and blues, which they dubbed "blue-eyed soul." Their deep, expressive sound made them one of the most successful duos of the 1960s. Collaborating with legendary producer Phil Spector, The Righteous Brothers delivered several timeless hits, including You've Lost That Lovin' Feelin', one of the most played songs in radio history. Known for their ability to channel deep emotion in their performances, they achieved lasting success across decades. Despite disbanding and reuniting multiple times, the legacy of The Righteous Brothers remains, especially with their timeless ballads that continue to resonate with listeners worldwide.

"Unchained Melody"

"Unchained Melody" is The Righteous Brothers' most famous ballad and one of the most beloved love songs of all time. Originally composed by Alex North and Hy Zaret in 1955 for the film Unchained, The Righteous Brothers' version, featuring Bobby Hatfield's soaring lead vocals, became a massive hit. The song's hauntingly beautiful melody and Hatfield's emotional delivery made it an instant classic. Though it only reached number 4 on the U.S. Billboard Hot 100 at the time, Unchained Melody experienced a resurgence in popularity after being featured in the 1990 film Ghost, solidifying its place as a timeless romantic anthem. The song's enduring appeal, with its themes of longing and eternal love, has made it one of the most frequently covered and cherished tracks in music history.

The Righteous Brothers
Unchained Melody (1965)

R	M	R	D	M	C	N	I	P	C	J	Z	L	U	S	R	S
T	E	E	L	W	H	P	J	X	I	Z	U	J	A	W	I	Q
A	D	D	T	I	P	U	N	C	H	A	I	N	E	D	G	A
B	L	U	E	E	Y	E	D	S	O	U	L	F	M	T	H	Q
U	E	O	R	K	R	M	V	K	F	A	S	B	S	R	T	Y
L	Y	M	V	Y	L	N	Z	C	O	B	Z	O	I	Q	E	D
K	V	Y	U	I	C	J	A	B	Y	F	H	J	O	A	O	O
A	G	Q	A	Z	N	S	G	L	T	G	M	K	J	Q	U	U
I	A	Y	I	O	L	F	O	M	L	K	C	E	M	D	S	U
Y	P	B	R	O	T	H	E	R	S	O	I	J	L	O	Z	P
Q	F	X	E	X	X	J	P	E	J	I	V	A	H	S	N	R
L	T	U	W	O	N	L	Y	L	L	T	C	E	J	I	T	S
U	I	J	R	R	A	D	I	O	H	I	S	T	O	R	Y	U
K	Q	A	P	R	O	H	C	V	S	D	N	E	S	M	A	H
N	A	Q	U	L	V	A	P	U	M	K	G	G	D	D	O	D
U	J	E	E	M	P	I	M	W	I	U	B	S	Z	G	B	H
K	Y	M	H	A	T	F	I	E	L	D	I	H	M	W	Q	Q

GHOST
BROTHERS
UNCHAINED
LOVIN FEELING

MELODY
HATFIELD
MUSICAL DUO
RADIO HISTORY

MEDLEY
RIGHTEOUS
ETERNAL LOVE
BLUE EYED SOUL

Answer Page: 130

The Four Tops
Reach Out I'll Be There (1966)

The Four Tops are an American vocal quartet from Detroit, Michigan, and one of Motown's most successful and enduring groups. Formed in 1953, the original lineup consisted of Levi Stubbs, Abdul "Duke" Fakir, Renaldo "Obie" Benson, and Lawrence Payton, and the group remained together for over four decades without any changes. Known for their smooth harmonies and the powerful, soulful voice of lead singer Levi Stubbs, the Four Tops played a pivotal role in defining the "Motown Sound." Their music fused elements of pop, R&B, and soul, and they delivered some of the most memorable hits of the 1960s and 1970s, including I Can't Help Myself (Sugar Pie Honey Bunch) and Baby I Need Your Loving. Their collaborations with Motown's legendary songwriting and production team Holland-Dozier-Holland yielded some of the era's most iconic tracks. The Four Tops' influence on both soul and popular music remains profound, and they are remembered as one of Motown's premier acts.

"Reach Out I'll Be There"

"Reach Out I'll Be There" is one of The Four Tops' most iconic songs and one of Motown's greatest hits. Written and produced by the legendary team of Holland-Dozier-Holland, the song features a dramatic, orchestral arrangement and a passionate, emotional vocal performance from Levi Stubbs. With its combination of gospel-like intensity, powerful lyrics about unwavering support, and rhythmic urgency, the song became an instant classic. It topped the U.S. Billboard Hot 100 and the UK Singles Chart, solidifying The Four Tops' international fame. Reach Out I'll Be There became a symbol of the Motown era, and its unique blend of soul, pop, and orchestration set it apart from other hits of the time. The song remains one of the most celebrated tracks of the 1960s and a defining moment in the Four Tops' illustrious career.

The Four Tops
Reach Out I'll Be There (1966)

```
G M I V E P O P U L A R M U S I C G I
I Z E B G P M K N N X J E O I Y X O M
G P J M P L J H W W B B C Y U H Y S M
N T J L O O O O W Y P G H O L C B P Q
O N I A B R T K S K Z Q L V G E D E G
B I L L B O A R D E I Z Z M A B E L D
S G S Q M W E B M S F G Z U S O F L H
O S J A V U K O L L E G A E O L I I B
U P Q Q Y V U A A E Z G I A U Q N K W
L T Y Z T M Y J H S H N W H M I I E F
F F N G F I A J P E O I S T O V N R O
U H C L Q F K N I M K P T E C Z G I A
L D U J L I M O R D O R C S M B M L L
V O C A L Q U A R T E T N T Q H O L O
O R U S I G H P R A A T E F C B M X O
I G P H I O P U Q V I A R H J A E W R
C R E A C H O U T J K R N O Q E N O D
E J V O L F V I G Q H I F J I A T J B
U C R S E G B H F D O G A G J T L Z E
```

MOTOWN   DETROIT   FOUR TOPS
REACH OUT   HARMONIES   BILLBOARD
GOSPEL LIKE   VOCAL QUARTET   SOULFUL VOICE
POPULAR MUSIC   MEMORABLE HITS   DEFINING MOMENT

Dusty Springfield
Son of a Preacher Man (1968)

Dusty Springfield (born Mary Isobel Catherine Bernadette O'Brien, April 16, 1939 – March 2, 1999) was an iconic British singer known for her soulful voice and versatility across pop, soul, and R&B genres. She rose to fame in the 1960s with hits like "I Only Want to Be with You" and "You Don't Have to Say You Love Me." Springfield became a pivotal figure in the British Invasion of the U.S. music scene and was celebrated for her emotive singing and immaculate production style. She was also a trailblazer in bringing Motown and soul music to a European audience, with her work influencing numerous contemporary artists. Her career spanned over three decades, and she is remembered as one of the greatest female singers of all time.

"Son of a Preacher Man"

"Son of a Preacher Man", released in 1968, is one of Dusty Springfield's most famous songs. It was featured on her landmark album Dusty in Memphis, a critically acclaimed record that saw her exploring a more soulful sound. Written by John Hurley and Ronnie Wilkins, the song tells the story of a young girl falling in love with the son of a preacher, known for his charm and ability to woo her. It was originally offered to Aretha Franklin, who turned it down, only to record it later after Springfield's version became a hit. "Son of a Preacher Man" reached No. 10 on the Billboard Hot 100 and No. 9 on the UK Singles Chart, becoming one of Springfield's signature hits. The song enjoyed a resurgence of popularity after being featured in Quentin Tarantino's 1994 film Pulp Fiction.

Dusty Springfield
Son of a Preacher Man (1968)

B	U	J	W	K	D	S	O	U	L	F	U	L	L	T	B	D	J	Q
G	T	L	Y	Y	X	C	I	S	T	P	N	A	P	L	T	A	Q	D
F	P	F	B	I	P	H	U	B	Z	R	L	J	E	C	E	X	O	G
S	E	I	M	O	D	K	S	A	B	E	T	Z	U	I	R	C	V	T
T	P	W	Q	K	H	M	S	W	R	A	S	F	L	M	E	B	Q	F
E	Z	O	K	R	D	S	R	P	I	C	P	V	P	F	K	P	Q	J
P	Q	S	Q	X	J	L	O	O	T	H	E	S	G	B	K	U	I	M
R	C	S	P	R	I	N	G	F	I	E	L	D	O	O	P	E	E	Z
P	H	A	X	P	B	W	V	D	S	R	P	J	L	P	U	Y	M	Q
R	T	Y	S	B	I	J	U	M	H	M	P	F	W	B	L	O	J	W
F	Y	Y	V	N	L	K	P	U	A	A	F	X	R	R	P	V	K	A
U	T	O	D	D	L	D	E	N	A	N	G	H	R	V	F	D	Q	L
V	Y	U	Z	H	B	M	Z	Q	J	L	U	Y	H	H	I	U	J	W
G	Y	L	M	M	O	T	O	W	N	L	K	L	G	P	C	S	W	N
L	O	O	B	M	A	M	T	B	E	R	N	A	D	E	T	T	E	S
H	W	V	P	I	R	B	E	W	I	T	H	Y	O	U	I	Y	Z	X
X	U	E	A	M	D	U	P	D	T	W	A	Y	Z	J	O	E	F	J
E	N	M	W	E	A	L	B	L	A	K	S	P	G	F	N	Q	Z	Q
A	R	E	T	H	A	F	R	A	N	K	L	I	N	Q	W	Z	M	F

DUSTY MOTOWN BRITISH
SOULFUL BILLBOARD BERNADETTE
SPRINGFIELD BE WITH YOU PREACHER MAN
PULP FICTION SAY YOU LOVE ME ARETHA FRANKLIN

Answer Page: 132

The Zombies
Time of the Season (1968)

The Zombies are an English rock band formed in 1961, known for their sophisticated melodies, jazz-influenced chords, and distinctive vocal harmonies. The original lineup featured Rod Argent (keyboards), Colin Blunstone (vocals), Paul Atkinson (guitar), Chris White (bass), and Hugh Grundy (drums). The band gained popularity during the British Invasion of the mid-1960s with hits like "She's Not There" and "Tell Her No." Their music blended pop, rock, and jazz elements, setting them apart from many of their contemporaries. Though The Zombies initially disbanded in 1968, their 1968 album Odessey and Oracle became a cult classic and eventually established them as one of the most innovative and respected bands of the era. The Zombies were inducted into the Rock and Roll Hall of Fame in 2019.

"Time of the Season"

"Time of the Season", released in 1968, is arguably The Zombies' most iconic song. It was written by Rod Argent and appears on Odessey and Oracle. The song features a memorable bassline, hypnotic organ riff, and Colin Blunstone's breathy vocal delivery. Initially, it did not receive much attention upon its release but later became a hit in the U.S., reaching No. 3 on the Billboard Hot 100 in early 1969. Despite being recorded during the band's final sessions before their breakup, "Time of the Season" went on to become one of the defining tracks of the late 1960s, embodying the era's psychedelic rock sound. It has since been featured in numerous films, commercials, and TV shows, solidifying its place as a timeless classic.

The Zombies
Time of the Season (1968)

```
N N F Y X G Q W I V P A Q X F I Z
A J H Q A T K I N S O N I C N M G
R A X S X V I H Z O M B I E S X C
G L D Q H C R J H R Q D M D M B Z
E Z M Q B E I K M A F E J N V Z A
N C T J M C S G B L U N S T O N E
T W X E E L D N X L S G X D U M I
Q U T S L L N K O E W L X C H H G
K R D E O L Y W K T R I M J X U B
I O Y U D F H V Q T T S T O R I W
K B D O I R W E I G R H O Z H Q Q
S K D E E D G C R K S B E G Q F R
J S U C S E A S O N H A A R P D I
R Q D A T S Z H G R O N K U E J P
R S Z I W O E A A M D D U N O R C
B L H I A Q A Y F G W T F D M Y S
L W O J C V A R Q U Z V K Y W H G
```

WHITE	SEASON	ARGENT
GRUNDY	ZOMBIES	ODESSEY
MELODIES	ATKINSON	BLUNSTONE
TELL HER NO	ENGLISH BAND	SHES NOT THERE

~ 55 ~   Answer Page: 133

Jefferson Airplane
Somebody to Love (1967)

Jefferson Airplane was a pioneering American rock band formed in San Francisco in 1965, known for their significant role in the psychedelic rock movement of the 1960s. Led by the powerful vocals of Grace Slick and Marty Balin, the band also featured Jorma Kaukonen (lead guitar), Paul Kantner (rhythm guitar), Jack Casady (bass), and Spencer Dryden (drums). They were one of the key acts in the counterculture revolution, performing at legendary events like the Monterey Pop Festival, Woodstock, and Altamont. Jefferson Airplane's music combined folk-rock, psychedelic rock, and experimental sounds, becoming synonymous with the anti-establishment ethos of the 1960s. The band is best known for hits like "White Rabbit" and "Somebody to Love," and they were inducted into the Rock and Roll Hall of Fame in 1996.

"Somebody to Love"

"Somebody to Love" became one of Jefferson Airplane's most famous songs. Originally written by Grace Slick's brother-in-law Darby Slick for her previous band, The Great Society, Grace brought the song to Jefferson Airplane when she joined the group. The song appeared on the band's breakthrough album Surrealistic Pillow and became an anthem of the Summer of Love. Its hard-driving rhythm, Grace Slick's commanding vocals, and its message of seeking love and connection in turbulent times struck a chord with the youth of the 1960s. "Somebody to Love" reached No. 5 on the Billboard Hot 100, making it the band's highest-charting single. The song's timeless appeal has ensured its place in rock history, often associated with the counterculture movement of the 1960s.

Jefferson Airplane
Somebody to Love (1967)

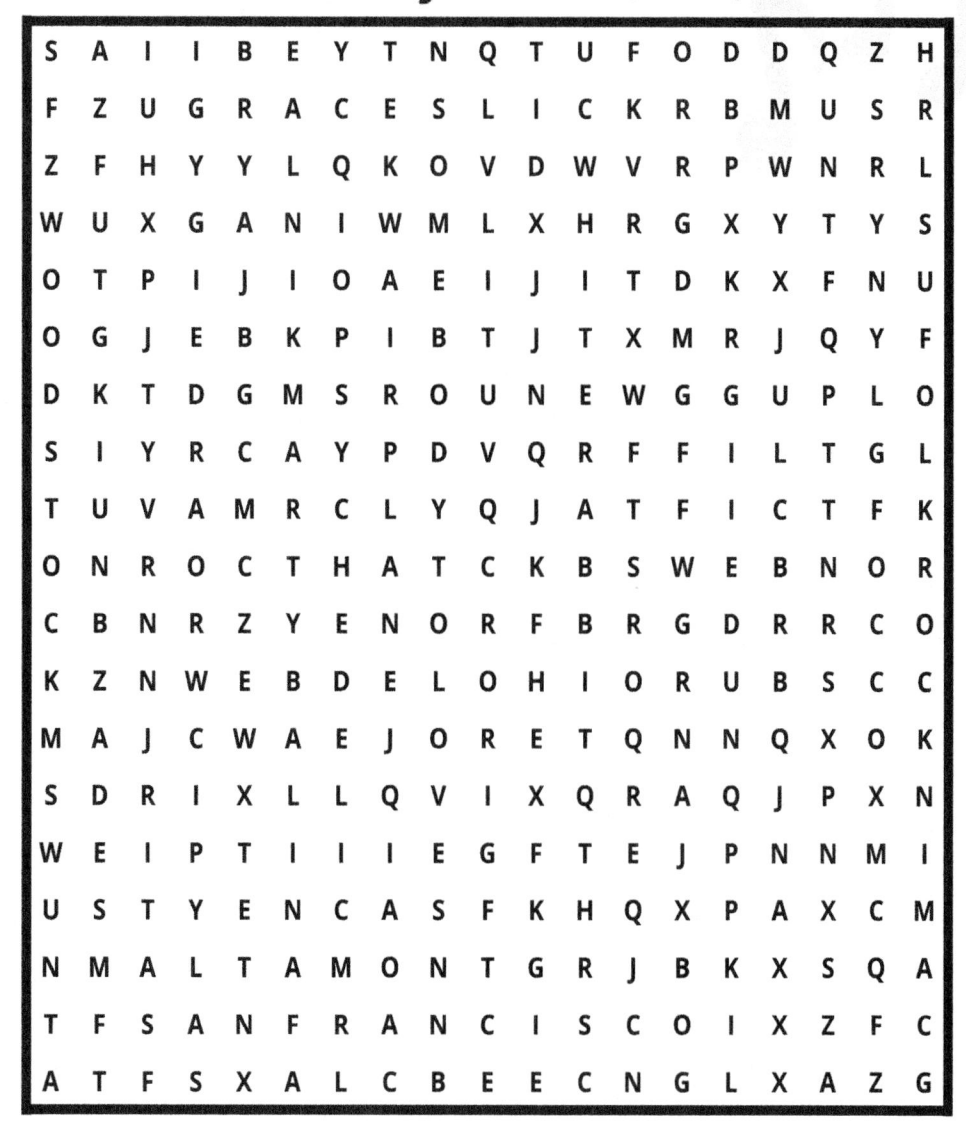

S	A	I	I	B	E	Y	T	N	Q	T	U	F	O	D	D	Q	Z	H
F	Z	U	G	R	A	C	E	S	L	I	C	K	R	B	M	U	S	R
Z	F	H	Y	Y	L	Q	K	O	V	D	W	V	R	P	W	N	R	L
W	U	X	G	A	N	I	W	M	L	X	H	R	G	X	Y	T	Y	S
O	T	P	I	J	I	O	A	E	I	J	I	T	D	K	X	F	N	U
O	G	J	E	B	K	P	I	B	T	J	T	X	M	R	J	Q	Y	F
D	K	T	D	G	M	S	R	O	U	N	E	W	G	G	U	P	L	O
S	I	Y	R	C	A	Y	P	D	V	Q	R	F	F	I	L	T	G	L
T	U	V	A	M	R	C	L	Y	Q	J	A	T	F	I	C	T	F	K
O	N	R	O	C	T	H	A	T	C	K	B	S	W	E	B	N	O	R
C	B	N	R	Z	Y	E	N	O	R	F	B	R	G	D	R	R	C	O
K	Z	N	W	E	B	D	E	L	O	H	I	O	R	U	B	S	C	C
M	A	J	C	W	A	E	J	O	R	E	T	Q	N	N	Q	X	O	K
S	D	R	I	X	L	L	Q	V	I	X	Q	R	A	Q	J	P	X	N
W	E	I	P	T	I	I	I	E	G	F	T	E	J	P	N	N	M	I
U	S	T	Y	E	N	C	A	S	F	K	H	Q	X	P	A	X	C	M
N	M	A	L	T	A	M	O	N	T	G	R	J	B	K	X	S	Q	A
T	F	S	A	N	F	R	A	N	C	I	S	C	O	I	X	Z	F	C
A	T	F	S	X	A	L	C	B	E	E	C	N	G	L	X	A	Z	G

AIRPLANE   ALTAMONT   JEFFERSON
WOODSTOCK   FOLK ROCK   PSYCHEDELIC
GRACE SLICK   MARTY BALIN   WHITE RABBIT
SURREALISTIC   SAN FRANCISCO   SOMEBODY TO LOVE

Answer Page: 134

The Beatles
A Day in the Life (1967)

The Beatles were an English rock band formed in Liverpool in 1960, consisting of John Lennon, Paul McCartney, George Harrison, and Ringo Starr. Widely regarded as the most influential band in the history of popular music, The Beatles spearheaded the British Invasion in the 1960s and helped shape the modern rock genre. Known for their innovative songwriting, groundbreaking albums, and cultural impact, they produced timeless classics like A Hard Day's Night, Sgt. Pepper's Lonely Hearts Club Band, and Abbey Road. Their influence extends beyond music, as they revolutionized fashion, politics, and global youth culture during the 1960s. Despite their breakup in 1970, The Beatles' music continues to inspire generations.

"A Day in the Life"

"A Day in the Life" is the final track on The Beatles' groundbreaking 1967 album Sgt. Pepper's Lonely Hearts Club Band. Written primarily by John Lennon, with a middle section by Paul McCartney, the song is often considered one of the band's most ambitious and experimental works. The song blends two distinct sections: Lennon's haunting verses, inspired by newspaper articles and personal reflections, and McCartney's upbeat middle passage, evoking everyday life. The production features an orchestral crescendo, building to a chaotic, climactic finish, followed by an iconic sustained piano chord that lasts over 40 seconds. "A Day in the Life" did not chart as a single, but the song and album were critically acclaimed, with Sgt. Pepper topping the charts globally and winning four Grammy Awards. The song is widely regarded as a masterpiece and a defining moment in rock history.

The Beatles
A Day in the Life (1967)

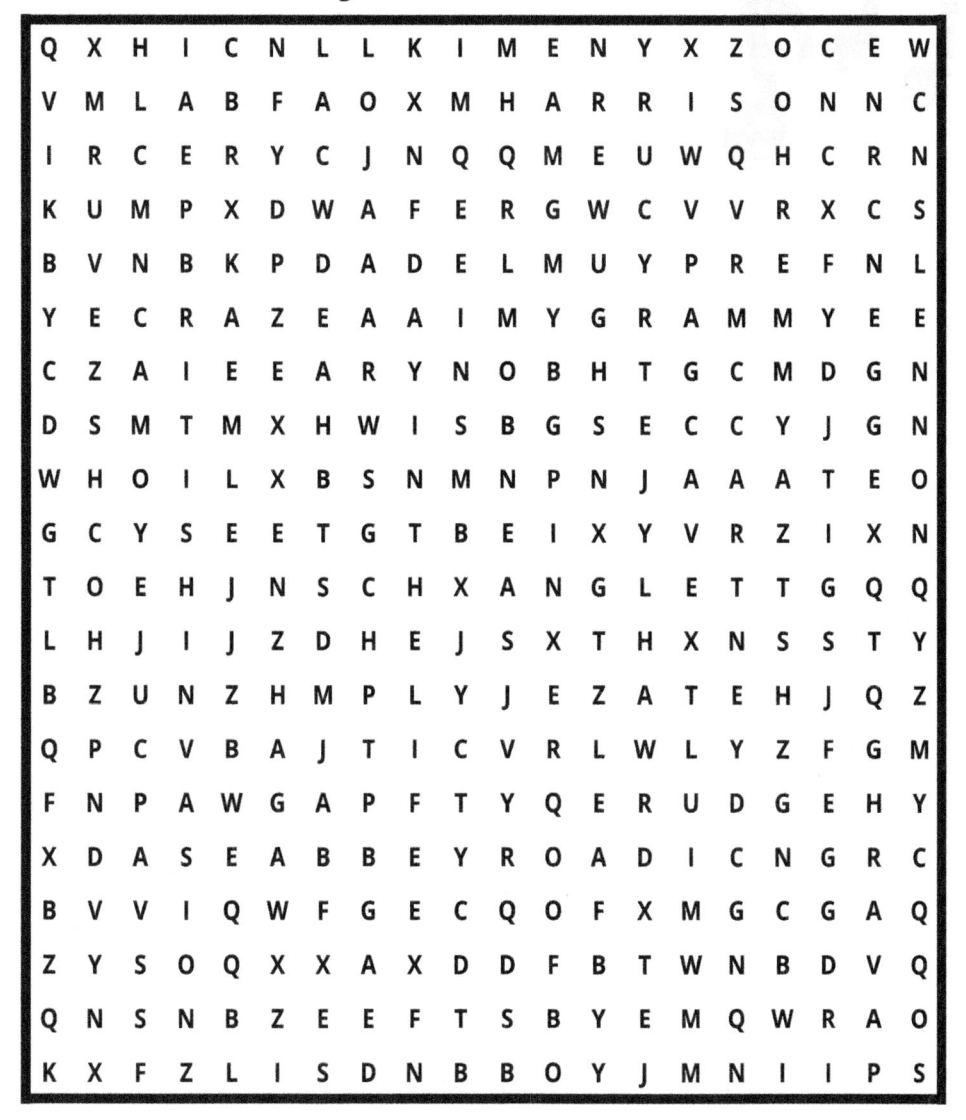

```
Q X H I C N L L K I M E N Y X Z O C E W
V M L A B F A O X M H A R R I S O N N C
I R C E R Y C J N Q Q M E U W Q H C R N
K U M P X D W A F E R G W C V V R X C S
B V N B K P D A D E L M U Y P R E F N L
Y E C R A Z E A A I M Y G R A M M Y E E
C Z A I E E A R Y N O B H T G C M D G N
D S M T M X H W I S B G S E C C Y J G N
W H O I L X B S N M N P N J A A A T E O
G C Y S E E T G T B E I X Y V R Z I X N
T O E H J N S C H X A N G L E T T G Q Q
L H J I J Z D H E J S X T H X N S S T Y
B Z U N Z H M P L Y J E Z A T E H J Q Z
Q P C V B A J T I C V R L W L Y Z F G M
F N P A W G A P F T Y Q E R U D G E H Y
X D A S E A B B E Y R O A D I C N G R C
B V V I Q W F G E C Q O F X M G C G A Q
Z Y S O Q X X A X D D F B T W N B D V Q
Q N S N B Z E E F T S B Y E M Q W R A O
K X F Z L I S D N B B O Y J M N I I P S
```

STARR LENNON GRAMMY
BEATLES HARRISON MCCARTNEY
ABBEY ROAD EXPERIMENTAL LONELY HEARTS
DAY IN THE LIFE HARD DAYS NIGHT BRITISH INVASION

Answer Page: 135

Procol Harum
A Whiter Shade of Pale (1967)

Procol Harum is a British rock band formed in 1967, best known for their fusion of baroque pop and classical influences with rock music. Led by vocalist and pianist Gary Brooker, the band also featured lyricist Keith Reid, whose poetic and often surreal lyrics added depth to their sound. Procol Harum's music, characterized by elaborate arrangements and a unique blend of rock and classical elements, made them stand out during the late 1960s. They became one of the pioneers of the progressive rock movement, influencing many bands that followed. Despite lineup changes and periods of inactivity, Procol Harum remained an iconic name in rock history, primarily due to the enduring success of their debut single, "A Whiter Shade of Pale."

"A Whiter Shade of Pale"

"A Whiter Shade of Pale" is Procol Harum's signature song and one of the most enduring hits of the 1960s. Written by Gary Brooker and Keith Reid, with its iconic organ melody inspired by Johann Sebastian Bach, the song's haunting sound and cryptic lyrics made it an instant classic. It topped the UK Singles Chart for six weeks and reached No. 5 on the Billboard Hot 100 in the U.S. The song became a defining piece of the Summer of Love, and its distinctive organ riff, played by Matthew Fisher, has become one of the most recognizable in rock history. "A Whiter Shade of Pale" has sold over 10 million copies worldwide and has been covered by numerous artists, cementing its place as a timeless classic in both rock and pop music.

Procol Harum
A Whiter Shade of Pale (1967)

I	V	O	X	P	R	O	G	R	E	S	S	I	V	E	I	X	W
B	V	G	A	R	Y	B	R	O	O	K	E	R	F	U	D	C	R
M	B	Z	S	X	X	J	F	Z	O	V	G	J	H	D	I	G	Z
I	A	K	G	W	Y	B	H	K	Y	L	F	H	R	X	H	G	Z
S	R	B	W	D	H	V	L	K	E	I	T	H	R	E	I	D	G
I	O	F	J	O	H	A	N	N	B	A	C	H	A	R	U	M	X
G	Q	R	J	G	N	Q	U	W	M	Z	D	R	O	B	Z	Y	M
N	U	A	E	A	N	W	D	B	W	S	K	Q	G	Z	B	E	U
A	E	B	A	T	I	Q	U	X	H	C	Z	Y	K	P	B	O	V
T	P	R	B	H	P	Z	P	S	I	B	Q	T	B	U	Y	C	M
U	O	I	N	F	L	U	E	N	T	I	A	L	W	C	W	M	S
R	P	T	G	U	S	U	M	M	E	R	O	F	L	O	V	E	Q
E	G	I	P	R	O	C	O	L	R	Y	R	C	E	L	X	Z	B
S	I	S	W	W	A	V	T	P	S	D	Z	N	M	O	G	K	G
O	E	H	Y	D	L	I	W	H	H	T	E	D	O	U	K	Y	V
N	D	X	R	P	V	S	Y	V	A	G	J	O	O	T	O	O	T
G	A	X	Q	S	A	T	X	T	D	V	V	E	G	T	Y	S	B
X	H	V	C	M	J	X	K	S	E	G	N	N	G	M	W	S	G

HARUM	PROCOL	BRITISH
KEITH REID	BAROQUE POP	PROGRESSIVE
INFLUENTIAL	JOHANN BACH	WHITER SHADE
GARY BROOKER	SIGNATURE SONG	SUMMER OF LOVE

Ben E. King
Stand By Me (1961)

Ben E. King (born Benjamin Earl Nelson, September 28, 1938 – April 30, 2015) was an American soul and R&B singer, best known for his smooth, emotive voice and classic hits during the 1960s. He initially gained fame as a member of The Drifters, contributing to hits like "There Goes My Baby" and "Save the Last Dance for Me." After leaving the group, King launched a successful solo career, with "Stand by Me" becoming his defining song. His music blended elements of doo-wop, R&B, and soul, and his powerful vocal delivery earned him a lasting place in music history. King's influence extended beyond his commercial success, as his songs became emblematic of love, resilience, and unity.

"Stand By Me"

"Stand by Me", released in 1961, is Ben E. King's most iconic hit and a timeless anthem of love and loyalty. Co-written by King, Jerry Leiber, and Mike Stoller, the song was inspired by both a spiritual hymn and the deep emotional bond of friendship and love. Its minimalist yet poignant arrangement, driven by King's soulful vocals, a steady bassline, and string accompaniment, created an enduring classic. "Stand by Me" reached No. 4 on the Billboard Hot 100 and No. 1 on the R&B charts upon its initial release, and it saw a resurgence in popularity in 1986 when it was featured in the film Stand by Me, climbing to No. 9 on the Billboard Hot 100 once again. The song has been covered by countless artists, and in 2012, it was inducted into the National Recording Registry by the Library of Congress for its cultural, historical, and aesthetic significance.

Ben E. King
Stand By Me (1961)

```
I R Q U L J V O R E E X O J L Z V X Z T A Z
S E J E H N H E S V G E Q M Q R S D S F Z B
Y Y T R A T J S W G R V T C V D M Q I R L B
F B B S T D L A S T D A N C E F O R M E O E
L U U N S V I I D L M H J J I C O N I C T T
I U C I T J L H B H T D V W Z X T I P K U M
B H H D I C V O E V W J H W M R H C V D K B
R I H L B E E V N G I S L S X O V Q O Q V L
A N K I P L F M J I N T T I A S O U L F U L
R Y L F T Q G N A T K A O X H H I R J F C H
Y R W O N X O Z M H B N S T T Y C O H J X Q
O H V O D K F R I E N D S H I P E J G H U W
F K K U S Q Q Z N D F B E Q C U F B N Q F C
C D E O E Y T F A R M Y P P W C N P T M B J
O S H F U Q C K F I Y M W V I K N I X J R P
N R X A U W J J X F B E N E K I N G X Q J D
G E S I L B T K K T A W O Y R Y P P R T N B
R X U Y H J E V P E B J Z H O V W V M N O F
E H A L W N H Y X R Y E G M G R Y D F Q L H
S G N C V W N P F S S B K N N M Z U M Q G M
S C P W O X P S G H B A S S L I N E W E E P
S B D T P W Q A M S C P N K X K X O R C M Q
```

ICONIC	MY BABY	SOULFUL
BENJAMIN	BASSLINE	BEN E KING
FRIENDSHIP	STAND BY ME	SMOOTH VOICE
THE DRIFTERS	LAST DANCE FOR ME	LIBRARY OF CONGRESS

Answer Page: 137

Stevie Wonder
For Once In My Life (1968)

Stevie Wonder (born Stevland Hardaway Judkins, May 13, 1950) is an American singer, songwriter, multi-instrumentalist, and record producer, widely regarded as one of the most influential musicians in the history of popular music. Blind from infancy, Wonder's prodigious talent was evident from a young age, and he signed with Motown Records as "Little Stevie Wonder" at just 11 years old. Over the course of his career, Wonder became known for his mastery of various genres, blending elements of soul, R&B, funk, jazz, and pop. He created a string of groundbreaking albums in the 1970s, earning him critical acclaim and numerous accolades, including 25 Grammy Awards. Wonder's ability to play multiple instruments and his innovative use of synthesizers redefined the boundaries of modern music, and he remains a towering figure in the music industry.

"For Once in My Life"

"For Once in My Life" is one of Stevie Wonder's classic hits, showcasing his soulful voice and exuberant energy. Originally written by Ron Miller and Orlando Murden for Motown's Jobete publishing company, the song was first recorded by other artists, but Wonder's upbeat, dynamic version became the definitive recording. Wonder's rendition of "For Once in My Life" transformed the song from a slower ballad into an uptempo, joyful celebration of love and contentment, with a distinctive harmonica solo and vibrant arrangement. The song reached No. 2 on the Billboard Hot 100 and No. 3 on the R&B charts, solidifying Wonder's status as a major Motown star. "For Once in My Life" became a standard, covered by numerous artists, but Wonder's version remains the most beloved, with its uplifting message resonating with generations of listeners.

Stevie Wonder
For Once In My Life (1968)

```
N V O A E I N F L U E N T I A L I M
T P C S T E V I E W O N D E R B J O
F E Z T Z N Y R E H N D G U G S N T
K B H E D I K F Z W C D M F H H V O
R L V V C G G V J T E I A P G P V W
D I V E U P L I F T I N G E E X C N
E N V L Z N K S X N N X H C D J L R
K D L A H T M D V H M N V M D B A E
U X J N R G R A M M Y A W A R D S C
I C M D B E H H N Q L E I T I K S O
P R O D U C E R K H I T R M Q T I R
Z S U F V X X D P W F W W V E B C D
D G R W C C W N I H E R M F Z V H S
I P O V M F K V E E K G Q G F U I I
N S R I C O N I C O G Y H D Y C T S
L W T V Q K S U V O Q M D W U S J D
T F J U D K I N S G G W M J J B A V
O W W A N O O Z D D Y A N R I N O Q
```

BLIND   ICONIC   JUDKINS
PRODUCER   STEVELAND   UPLIFTING
INFLUENTIAL   CLASSIC HIT   STEVIE WONDER
GRAMMY AWARDS MOTOWN RECORDS ONCE IN MY LIFE

Answer Page: 138

The Byrds
Turn! Turn! Turn! (1965)

The Byrds were an American rock band formed in Los Angeles in 1964, known for pioneering the folk-rock genre by blending traditional folk music with the electric sounds of rock. The original lineup included Roger McGuinn (guitar, vocals), Gene Clark (vocals, tambourine), David Crosby (guitar, vocals), Chris Hillman (bass), and Michael Clarke (drums). The Byrds were influenced by Bob Dylan and The Beatles, and they became famous for their signature jangly, 12-string guitar sound and lush harmonies. They achieved widespread success with hits like "Mr. Tambourine Man" and "Turn! Turn! Turn!" and were instrumental in shaping the sound of the 1960s counterculture movement. The band's ability to evolve with the times, incorporating elements of psychedelia and country rock, cemented their legacy as one of the most innovative and influential bands of their era.

"Turn! Turn! Turn!"

"Turn! Turn! Turn! (To Everything There Is a Season)" is one of The Byrds' most enduring and influential songs. The lyrics are adapted almost entirely from the Book of Ecclesiastes in the Bible, with a message about the cyclical nature of life and the passage of time. The song was originally written by folk singer Pete Seeger in the late 1950s, but The Byrds' electric folk-rock arrangement, featuring Roger McGuinn's signature 12-string Rickenbacker guitar, turned it into a chart-topping hit. It reached No. 1 on the Billboard Hot 100 and became an anthem for the peace and social justice movements of the 1960s. With its timeless message and distinctive sound, "Turn! Turn! Turn!" remains a classic of the era and a signature song for The Byrds.

The Byrds
Turn! Turn! Turn! (1965)

```
S Z T P X W Q W M A S V L O E F M W R
E I E J V P G G N H L I R G L H I B M
F S Z Q W M I C P U X R K B E F D T W
H O U S E E Z O V Z T Q R P J U H N F
I T T V A W C U N A Y E A M T J A S M
G E T L O S A N G E L E S S G K R U N
T K E A Y L C T B U E Z D R Z T M W H
H O O K M E E E U M I R R J U Q O V E
E R H Q W B W R F R X D I N Z E N B N
B R L X A Z O C S H N M J N E Y I O D
Y G O F X G H U V U F T V S G K E B U
R M Q O F W X L R W W Z U N H I S D R
D E Y L Q C F T N I G G Q R B O A Y I
S O S K X H J U L T N A H E N E C L N
O X O M J L Y R M Z Q E D D Z T Q A G
I M I U T J T E P E G M M G Y F U N M
T H I S I S A S E A S O N A U Q H R Y
P K Y I J L P K O I G O G H N C D B N
X J B C B O Y W R D P B E A T L E S W
```

BEATLES ENDURING THE BYRDS
BOB DYLAN HARMONIES PIONEERING
FOLK MUSIC LOS ANGELES TURN TURN TURN
TAMBOURINE MAN COUNTERCULTURE THIS IS A SEASON

The Ronettes
Be My Baby (1963)

The Ronettes were an American girl group from New York City, formed in 1959, and became one of the defining acts of the early 1960s pop scene. The group was led by lead singer Ronnie Spector (born Veronica Bennett), along with her sister Estelle Bennett and their cousin Nedra Talley. They were known for their glamorous style, beehive hairdos, and sultry vocals, perfectly matching the "Wall of Sound" production style crafted by legendary producer Phil Spector. The Ronettes rose to fame with a series of hits, becoming icons of the girl group era, and they are celebrated for their influence on both pop and rock music. In 2007, The Ronettes were inducted into the Rock and Roll Hall of Fame, cementing their place as trailblazers in music history.

"Be My Baby!"

"Be My Baby" is The Ronettes' most iconic song and one of the most influential singles of the 1960s. Produced by Phil Spector, the song is a quintessential example of his "Wall of Sound" technique, with lush layers of instruments, powerful drums, and soaring vocals by Ronnie Spector. Written by Phil Spector, Ellie Greenwich, and Jeff Barry, "Be My Baby" became an instant hit, reaching No. 2 on the Billboard Hot 100 and No. 4 in the UK. The song's opening drum beat, performed by Hal Blaine, became one of the most recognizable in rock and pop history, and the song's yearning lyrics and romantic melody have made it a timeless classic. "Be My Baby" has been praised as one of the greatest pop songs ever recorded, influencing countless artists and featured in films, commercials, and cover versions throughout the decades.

The Ronettes
Be My Baby (1963)

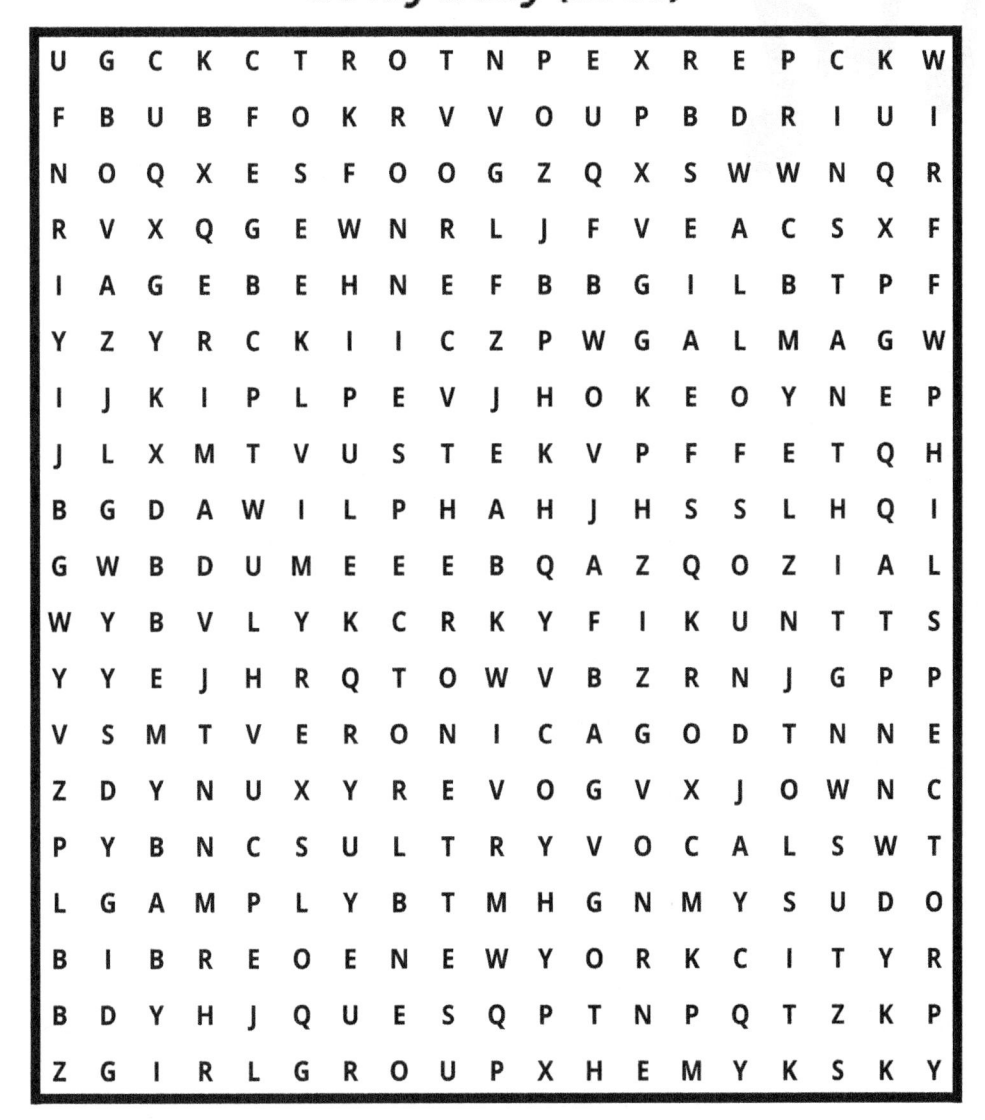

```
U G C K C T R O T N P E X R E P C K W
F B U B F O K R V V O U P B D R I U I
N O Q X E S F O O G Z Q X S W W N Q R
R V X Q G E W N R L J F V E A C S X F
I A G E B E H N E F B B G I L B T P F
Y Z Y R C K I I C Z P W G A L M A G W
I J K I P L P E V J H O K E O Y N E P
J L X M T V U S T E K V P F F E T Q H
B G D A W I L P H A H J H S S L H Q I
G W B D U M E E E B Q A Z Q O Z I A L
W Y B V L Y K C R K Y F I K U N T T S
Y Y E J H R Q T O W V B Z R N J G P P
V S M T V E R O N I C A G O D T N N E
Z D Y N U X Y R E V O G V X J O W N C
P Y B N C S U L T R Y V O C A L S W T
L G A M P L Y B T M H G N M Y S U D O
B I B R E O E N E W Y O R K C I T Y R
B D Y H J Q U E S Q P T N P Q T Z K P
Z G I R L G R O U P X H E M Y K S K Y
```

VERONICA   POP SONG   GIRL GROUP
BE MY BABY   INSTANT HIT   THE RONETTES
PHIL SPECTOR   NEW YORK CITY   SULTRY VOCALS
WALL OF SOUND   RONNIE SPECTOR   BEEHIVE HAIRDOS

Answer Page: 140

The Rolling Stones
Ruby Tuesday (1967)

The Rolling Stones are an English rock band formed in London in 1962, originally featuring Mick Jagger, Keith Richards, Brian Jones, Bill Wyman, and Charlie Watts. Known for their rebellious image and blues-inspired rock sound, the Stones became one of the most successful and enduring bands in rock history. Their raw energy, charismatic stage presence, and songwriting helped define the counterculture of the 1960s and beyond. Albums like Aftermath (1966) and Exile on Main St. (1972) solidified their reputation as one of the greatest rock bands, blending genres like blues, rock, and country. Even after decades of performing and numerous lineup changes, Jagger and Richards continue to tour, making The Rolling Stones one of the longest-running and most successful rock acts of all time.

"Ruby Tuesday"

"Ruby Tuesday" is one of The Rolling Stones' classic hits, released in January 1967 as a double A-side single with "Let's Spend the Night Together." Written by Keith Richards and Mick Jagger, the song is a wistful ballad about a free-spirited woman who cannot be tied down, embodying themes of fleeting love and impermanence. Richards has said that the song was inspired by a real woman from his life at the time. Musically, "Ruby Tuesday" is notable for its use of a recorder, played by Brian Jones, giving the song a baroque, folk-like quality that was unusual for The Stones. The song became a commercial success, reaching No. 1 on the Billboard Hot 100 in the U.S. and No. 3 on the UK Singles Chart. It remains one of The Rolling Stones' most beloved ballads, showcasing the band's ability to create softer, more reflective music amidst their harder rock hits.

The Rolling Stones
Ruby Tuesday (1967)

Q	M	Y	R	S	P	O	A	A	Y	K	I	R	M	X	I	C	Z	M	U
A	F	Q	O	E	L	O	R	G	Y	X	P	A	Z	I	J	L	H	P	K
H	Q	N	L	X	D	Q	W	M	G	T	O	S	K	E	X	A	Y	Q	X
F	T	H	L	Y	D	P	Y	R	L	C	O	M	V	O	D	S	A	G	E
O	E	X	I	X	A	D	C	I	K	J	D	O	E	V	L	S	L	D	L
R	F	N	N	X	Z	C	C	G	M	J	L	S	F	D	U	I	Y	Q	B
A	N	U	G	I	F	J	B	O	N	G	R	G	Z	D	I	C	D	F	Z
K	C	U	S	L	G	O	Y	I	N	U	K	E	U	M	A	H	I	U	Z
R	D	U	T	S	I	H	L	I	L	Z	U	H	X	F	Y	I	N	N	M
U	C	B	O	B	T	S	T	K	I	L	N	Q	J	J	K	T	S	E	I
B	H	L	N	A	J	E	H	T	L	A	B	A	O	M	N	V	U	G	C
Y	S	W	E	L	E	M	E	R	O	I	K	O	P	O	N	Q	Y	V	K
T	F	I	S	L	O	Q	O	T	O	G	K	Y	A	I	O	G	X	X	J
U	F	Z	F	A	L	E	O	E	D	C	E	E	I	R	T	M	O	L	A
E	A	S	O	D	O	M	N	U	X	X	K	T	A	R	D	N	Z	X	G
S	U	M	H	Y	G	I	K	C	P	P	R	B	H	B	W	H	Z	M	G
D	B	R	T	L	X	V	D	D	R	Y	D	P	A	E	Q	C	O	B	E
A	H	W	J	R	Y	W	Q	C	M	P	I	J	G	N	R	B	N	T	R
Y	X	R	R	F	R	E	E	S	P	I	R	I	T	E	D	X	S	X	J
V	H	V	V	A	T	Y	H	B	I	F	Q	R	N	R	L	T	V	B	S

BALLAD   BAROQUE   FOLK LIKE
MICK JAGGER   CLASSIC HIT   RUBY TUESDAY
FLEETING LOVE   FREE SPIRITED   BILLBOARD HOT
ROLLING STONES   NIGHT TOGETHER   ENGLISH ROCK BAND

Answer Page: 141

The Supremes
Baby Love (1964)

The Supremes were an American female vocal group formed in 1959 in Detroit, Michigan, and became one of Motown's most successful acts during the 1960s. The group originally consisted of Diana Ross, Mary Wilson, and Florence Ballard, and they quickly rose to stardom with their polished look, catchy songs, and harmonious vocals. Under the guidance of Motown founder Berry Gordy and the songwriting/production team of Holland-Dozier-Holland, The Supremes delivered a string of hits that made them the most successful American vocal group of all time. They were pivotal in breaking racial barriers and bringing soul music into the mainstream. Diana Ross, in particular, became the face of the group and later launched a highly successful solo career. The Supremes were inducted into the Rock and Roll Hall of Fame in 1988.

"Baby Love"

"Baby Love" is one of The Supremes' biggest hits and a defining song of the Motown era. Written and produced by the legendary Holland-Dozier-Holland team, "Baby Love" became The Supremes' second No. 1 hit on the Billboard Hot 100, following their breakthrough single "Where Did Our Love Go." It stayed at No. 1 for four weeks and also reached No. 1 in the UK, making The Supremes the first Motown act to achieve international success. The song's smooth, catchy melody and Diana Ross's sweet, pleading vocals captured the essence of 1960s pop and soul. "Baby Love" was a key part of The Supremes' string of five consecutive No. 1 hits, helping to establish them as the premier girl group of the decade and one of the most influential acts in pop music history.

The Supremes
Baby Love (1964)

```
S E Y B Z W H B R W V A I J H R F C V P V
C U I X R N Y P A Q Y T L B H D X D T M T
H J N D A Y U H R B R V H A Q P Y D X T B
L D I F I N I U F K Y L O I H A N Z I W R
Q M V Y L Y G Z I K U L I M M O T O W N I
D I W W P B K L N Q X T O D R X R T C K E
F I N N K A I L A S A C R V I T S Z E O Q
L F W F B O F L R E B U O H E Q T P X G B
C X N E L Y T L L J T H T D F K K G L N K
G G S E M U H B A B Y L O V E Z J M K V C
R F M E I E E B A C O T O N G O H Y D R Z
D D Q W C C S N D D I A N A R O S S L Z L
I O W K H M U G T H O I R C G M J M B M Y
K Q Q X I W P R T I Z N U D V Y Q Z J C S
V W F B G I R S B M A R Y W I L S O N H Y
I F E M A L E V O C A L G R O U P Z W D L
C S J T N G M C Q S Q R C L I Q K F Y L X
V Y K K G D E O R J H S A L V C U W P Y T
C J M I H F S S J X Q F D X G Q G N T S Y
U O B Z Z E D Y O X U M G H S H G X O H N
R U W B D V L F G S Y L M M B I X G V F W
```

MOTOWN   DETROIT   MICHIGAN
BABY LOVE   BABY LOVE   BILLBOARD
DIANA ROSS   MARY WILSON   BIGGEST HIT
INFLUENTIAL   THE SUPREMES   FEMALE VOCAL GROUP

Answer Page: 142

Roy Orbison
Oh, Pretty Woman (1964)

Roy Orbison was an American singer, songwriter, and musician, known for his operatic voice and emotionally intense ballads. With his trademark dark sunglasses and enigmatic stage presence, Orbison became one of the most distinctive and influential artists of the early rock and roll era. He rose to fame in the early 1960s with a string of hits that blended rock, pop, and country influences, including classics like "Crying," "In Dreams," and "Only the Lonely." His songs often featured dramatic narratives of heartache, loss, and yearning, with Orbison's powerful vocal range giving them a unique emotional depth. Despite personal tragedies, Orbison enjoyed a late-career resurgence in the 1980s, cementing his legacy as one of the greatest voices in rock history. He was inducted into both the Rock and Roll Hall of Fame and the Songwriters Hall of Fame.

"Oh, Pretty Woman"

"Oh, Pretty Woman" is Roy Orbison's most famous and commercially successful song. Written by Orbison and Bill Dees, the song tells the story of a man admiring a beautiful woman as she walks by, only to be surprised when she eventually turns back to him. The iconic opening guitar riff, catchy melody, and Orbison's soaring vocals made "Oh, Pretty Woman" an instant hit. It topped the Billboard Hot 100 for three weeks and reached No. 1 in several other countries, including the UK. The song sold over seven million copies worldwide and became one of the defining songs of the 1960s. Its lasting impact was reinforced by its use in the 1990 film Pretty Woman, which brought the song to a new generation of listeners. "Oh, Pretty Woman" remains a timeless classic in Orbison's catalog and one of the most recognizable songs in rock history.

Roy Orbison
Oh, Pretty Woman (1964)

```
V I K P S Z Q J B N N X A W F H H L C
Z N T S E L C T A Q H B E A C B A I R
E D N N Q F O N L Y T H E L O N E L Y
P R E X N H V Y L L E C K U G K M H I
S E R C A A F K A V N O D N Q C W Z N
Y A T Y W G H O D E A G A Y E D V K G
E M V V J J B P S P Q M R N F E M R K
G Z U Z J G G E L E O Q K U G K B E D
J V P K K O R R M W L A S K R E O A I
T Y G U C P F A Y C Z A U P O I Z V I
Z P A U E L F T O P Y Y N M Y U Y Z H
X N F G I F T I V A W A G E O E B B F
J I A R O E U C J P Y F L P R Y G E M
L T G L R V I V B M N B A Y B S T J X
S S L P M S P O C W M K S F I H H Y A
N A H Y S A A I P S S C S R S V U M J
H O L A J J Z C Q Z F Q E A O N C G C
A F L J B Z F E M M T Y S O N K F B Q
T C D I S T I N C T I V E S B O E F T
```

CRYING   BALLADS   CLASSIC
IN DREAM   ROY ORBISON   DISTINCTIVE
HALL OF FAME   OPERATIC VOICE   STAGE PRESENCE
OH PRETTY WOMAN   DARK SUNGLASSES   ONLY THE LONELY

Creedence Clearwater Revival
Proud Mary (1969)

Creedence Clearwater Revival (CCR) was an American rock band formed in El Cerrito, California, in 1967, and became one of the most successful and influential bands of the late 1960s and early 1970s. The group consisted of John Fogerty (lead vocals, lead guitar), Tom Fogerty (rhythm guitar), Stu Cook (bass), and Doug Clifford (drums). Known for their distinctive "swamp rock" sound, CCR combined elements of roots rock, Southern rock, blues, and country with socially conscious lyrics and a raw, powerful energy. Despite their West Coast origins, CCR's music evoked the spirit of the American South, and they were known for hit songs like "Bad Moon Rising," "Fortunate Son," and "Proud Mary." The band had a remarkably successful career with multiple chart-topping albums and singles, but internal tensions led to their breakup in 1972. CCR's influence on rock music has endured, and they were inducted into the Rock and Roll Hall of Fame in 1993.

"Proud Mary"

"Proud Mary", released in 1969, is one of CCR's most iconic songs. Written by John Fogerty, the song tells the story of someone who leaves a conventional life behind to find freedom and work on a riverboat. The song's blend of rock, blues, and gospel elements, along with Fogerty's distinctive voice, gave "Proud Mary" its timeless appeal. The song peaked at No. 2 on the Billboard Hot 100 and became one of CCR's most commercially successful tracks. Its enduring popularity was amplified by cover versions, most notably by Ike & Tina Turner, whose 1971 rendition transformed the song into a high-energy soul anthem and became a hit in its own right.

Creedence Clearwater Revival
Proud Mary (1969)

E	S	M	X	R	I	C	E	B	D	X	D	M	U	I	A	N	P	F
T	W	T	I	M	E	L	E	S	S	A	P	P	E	A	L	R	N	B
Z	A	I	K	Z	L	K	E	O	W	A	Z	O	M	A	G	Q	O	E
A	M	N	G	J	O	U	P	U	R	I	M	D	F	Y	D	T	H	O
Q	P	Y	Q	D	L	O	R	T	D	J	R	B	V	I	I	P	K	C
K	R	T	U	B	A	J	O	H	N	F	O	G	A	R	T	Y	T	J
J	O	U	V	B	G	P	U	E	L	H	J	U	R	I	B	N	I	L
U	C	R	I	H	K	L	D	R	N	S	H	E	H	J	F	S	K	J
M	K	N	I	A	F	E	M	N	F	L	C	R	C	S	D	G	X	I
D	C	E	R	V	P	Y	A	R	K	L	Q	K	L	Z	R	N	W	Z
N	C	R	R	N	E	Y	R	O	E	O	G	V	E	X	E	D	J	U
T	F	X	E	L	Y	R	Y	C	O	V	I	B	A	Y	U	V	A	K
Y	C	C	V	E	R	K	B	K	L	A	O	R	R	U	C	Q	M	L
P	C	U	I	P	D	H	N	O	K	H	G	W	W	K	W	M	Z	K
J	L	D	V	Y	T	E	E	I	A	F	F	X	A	N	D	D	E	Y
U	G	L	A	D	P	M	N	P	N	T	Q	F	T	T	L	G	S	P
M	V	F	L	N	J	W	O	C	N	T	X	P	E	O	W	R	M	R
K	M	V	N	N	A	A	D	P	E	Z	U	A	R	O	C	Z	M	Z
Q	I	L	Z	T	U	X	P	F	U	M	Q	E	E	Q	B	J	J	Z

BLUES   REVIVAL   CREEDENCE
RIVERBOAT   CLEARWATER   EL CERRITO
SWAMP ROCK   PROUD MARY   TINY TURNER
JOHN FOGARTY   SOUTHERN ROCK   TIMELESS APPEAL

Answer Page: 144

James Brown
Papa's Got a Brand New Bag (1965)

James Brown was an American singer, songwriter, dancer, and bandleader, widely regarded as the "Godfather of Soul." He is one of the most influential figures in 20th-century music, pioneering the development of several genres, including soul, funk, and rhythm & blues. Known for his electrifying stage presence, dynamic vocals, and innovative rhythmic patterns, Brown transformed the sound of popular music with his emphasis on groove and syncopation. His songs often featured powerful, socially conscious messages, and his influence extended to hip-hop, rock, and pop music. Over a career spanning six decades, Brown earned numerous accolades, including Grammy Awards and inductions into the Rock and Roll Hall of Fame and the Songwriters Hall of Fame. His legacy is felt in every corner of modern music, where his sound and style continue to resonate.

"Papa's Got a Brand New Bag"

"Papa's Got a Brand New Bag" is one of James Brown's most groundbreaking songs and a cornerstone in the evolution of funk music. Written by Brown and produced by him and his longtime collaborator, Nat Jones, the song introduced a new, rhythm-driven sound that emphasized the downbeat and tight, repetitive horn riffs. The phrase "brand new bag" refers to Brown's new style and innovative approach, marking a shift from traditional soul toward the funk sound that would come to define much of his later work. "Papa's Got a Brand New Bag" was a commercial success, reaching No. 8 on the Billboard Hot 100 and topping the R&B charts for eight weeks. It won Brown his first Grammy Award in 1966 and helped solidify his reputation as a musical innovator. The song's influence on funk, and later on hip-hop, is profound, with its tight grooves and rhythmic complexity serving as a blueprint for generations of musicians.

James Brown
Papa's Got a Brand New Bag (1965)

```
Z Z Y E M Q G Q H D D F P U J Q Y B N G
D K N T C L V R T H T O N V A A G G D F
T V B T H A L L O F F A M E N R I Y I U
Z C J P A W I Q D U N O C X Z G S W Q P
K B M L J X U C Y P D U W K C E R Z S N
H P T B R A N D N E W B A G N C Y O U Q
Y K Y C G O D F A T H E R O F S O U L Q
D T P O R B X N M Y M M J E I L P I A T
F A K X A K P M I T Y T I Z A P T Z C F
O Q K S M C L N C F A M R I F K B J B G
C R X D M C K R V N U H T X G T I N N G
W H X B Y Z X P O E A N V F K J W N A E
I T H C A A A C C T E C K G A O B F G P
U H J Q W K P B A U R C F B R H Y T H M
K J A R A Z K U L T P W X B Z O U O Y Y
Q F P U R Z O F S F G V S F C H O F W N
P W U R D M N J D M Y E U J E G X V R G
K S R U S I Q N N D M M P F V K L I E M
I F S I M X P O Z A E D Q H Y G L C L K
P V Q A W M G C J X N Z I O A J P V Q V
```

FUNK   RHYTHM   GROOVE
NAT JONES   JAMES BROWN   INFLUENTIAL
HALL OF FAME   BRAND NEW BAG   GRAMMY AWARDS
GROUDBREAKING   DYNAMIC VOCALS GODFATHER OF SOUL

The Beatles
I Want to Hold Your Hand (1963)

The Beatles were an English rock band formed in Liverpool in 1960, consisting of John Lennon, Paul McCartney, George Harrison, and Ringo Starr. Widely regarded as the most influential band in the history of popular music, The Beatles spearheaded the British Invasion in the 1960s and helped shape the modern rock genre. Known for their innovative songwriting, groundbreaking albums, and cultural impact, they produced timeless classics like A Hard Day's Night, Sgt. Pepper's Lonely Hearts Club Band, and Abbey Road. Their influence extends beyond music, as they revolutionized fashion, politics, and global youth culture during the 1960s. Despite their breakup in 1970, The Beatles' music continues to inspire generations.

"I Want to Hold Your Hand"

"I Want to Hold Your Hand" is one of The Beatles' early breakthrough hits, released in November 1963 in the UK and December 1963 in the U.S. Written by John Lennon and Paul McCartney, the song's infectious melody, upbeat tempo, and simple, heartfelt lyrics perfectly captured the excitement of young love. It marked The Beatles' first song recorded on four-track equipment, which contributed to its polished production and dynamic sound. "I Want to Hold Your Hand" became a massive commercial success, reaching No. 1 on the Billboard Hot 100 in the U.S. in February 1964, staying there for seven weeks, and selling over a million copies. Its success helped launch the British Invasion and propelled The Beatles to international stardom, making it a defining moment in pop music history.

The Beatles
I Want to Hold Your Hand (1963)

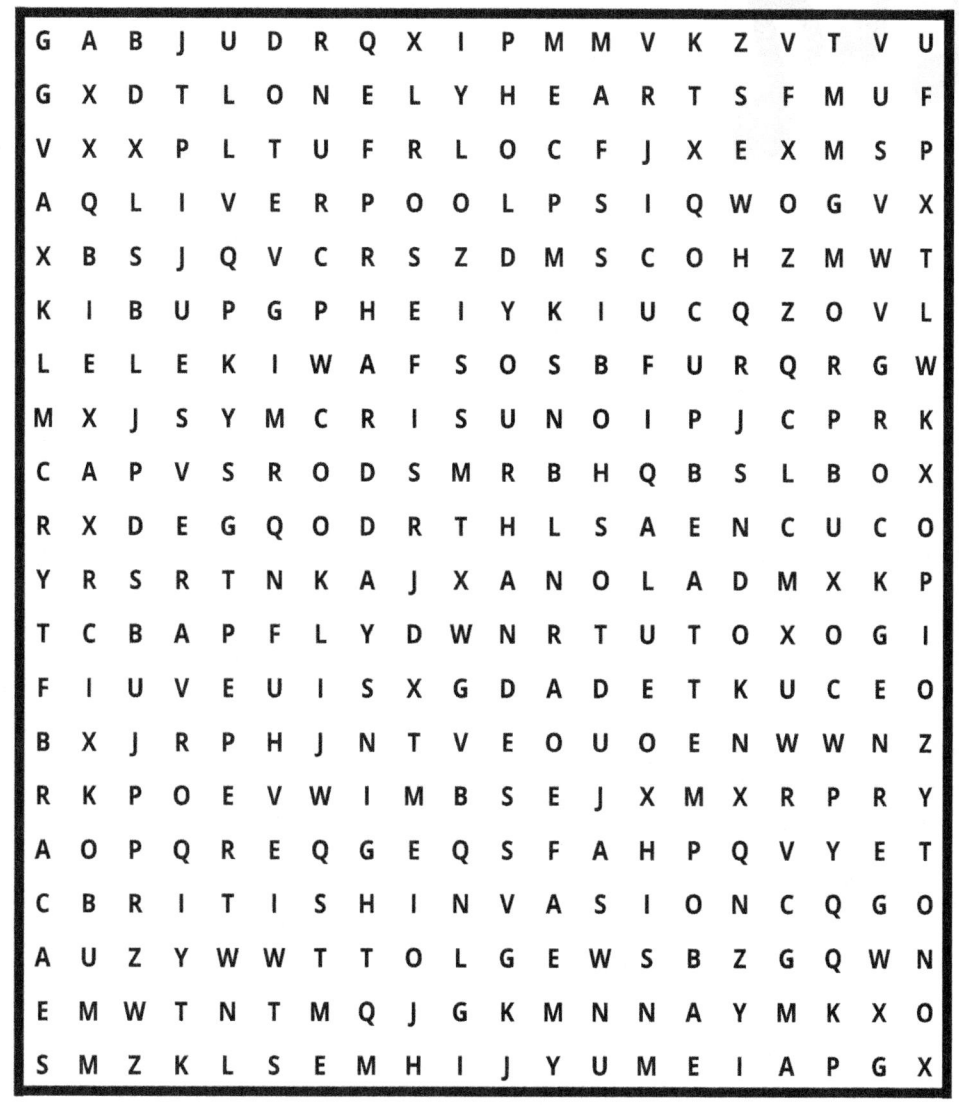

```
G A B J U D R Q X I P M M V K Z V T V U
G X D T L O N E L Y H E A R T S F M U F
V X X P L T U F R L O C F J X E X M S P
A Q L I V E R P O O L P S I Q W O G V X
X B S J Q V C R S Z D M S C O H Z M W T
K I B U P G P H E I Y K I U C Q Z O V L
L E L E K I W A F S O S B F U R Q R G W
M X J S Y M C R I S U N O I P J C P R K
C A P V S R O D S M R B H Q B S L B O X
R X D E G Q O D R T H L S A E N C U C O
Y R S R T N K A J X A N O L A D M X K P
T C B A P F L Y D W N R T U T O X O G I
F I U V E U I S X G D A D E T K U C E O
B X J R P H J N T V E O U O E N W W N Z
R K P O E V W I M B S E J X M X R P R Y
A O P Q R E Q G E Q S F A H P Q V Y E T
C B R I T I S H I N V A S I O N C Q G O
A U Z Y W W T T O L G E W S B Z G Q W N
E M W T N T M Q J G K M N N A Y M K X O
S M Z K L S E M H I J Y U M E I A P G X
```

STARDOM LIVERPOOL SGT PEPER
ROCK GENRE ABBEY ROAD THE BEATLES
UPBEAT TEMPO POPULAR MUSIC LONELY HEARTS
HOLD YOUR HAND HARD DAYS NIGHT BRITISH INVASION

Answer Page: 146

Sonny & Cher
I Got You Babe (1965)

Sonny & Cher were an American pop duo composed of Sonny Bono and Cher, who became one of the most iconic musical acts of the 1960s and 1970s. Sonny, a songwriter and producer, met Cher in the early 1960s, and they quickly formed both a musical and romantic partnership. The duo's sound combined pop, rock, and folk elements, with Cher's distinctive contralto voice and Sonny's harmonizing and production expertise. They became symbols of the countercultural movement, with their bohemian style, including bell-bottoms and long hair, resonating with the youth of the time. In addition to their music success, Sonny & Cher became TV stars with The Sonny & Cher Comedy Hour in the early 1970s. Though they divorced in 1975, their influence on pop culture remains enduring, and both went on to have significant individual careers—Cher as a solo music superstar and actress, and Sonny as a politician.

"I Got Your Babe"

"I Got You Babe" is Sonny & Cher's most famous and enduring hit. Written by Sonny Bono, the song's simple, heartfelt lyrics and catchy melody made it an instant classic, symbolizing the optimism and romantic idealism of the 1960s. Featuring lush orchestration and the duo's trademark vocal harmonies, the song became a defining anthem of the counterculture era. "I Got You Babe" topped the Billboard Hot 100 chart for three weeks and reached No. 1 in the UK. Its success helped launch Sonny & Cher into stardom and has remained a beloved pop standard ever since. The song's enduring appeal has been highlighted by its use in numerous films and television shows, most notably in Groundhog Day (1993), ensuring its place as one of the most recognizable and iconic love songs in pop music history.

Sonny & Cher
I Got You Babe (1965)

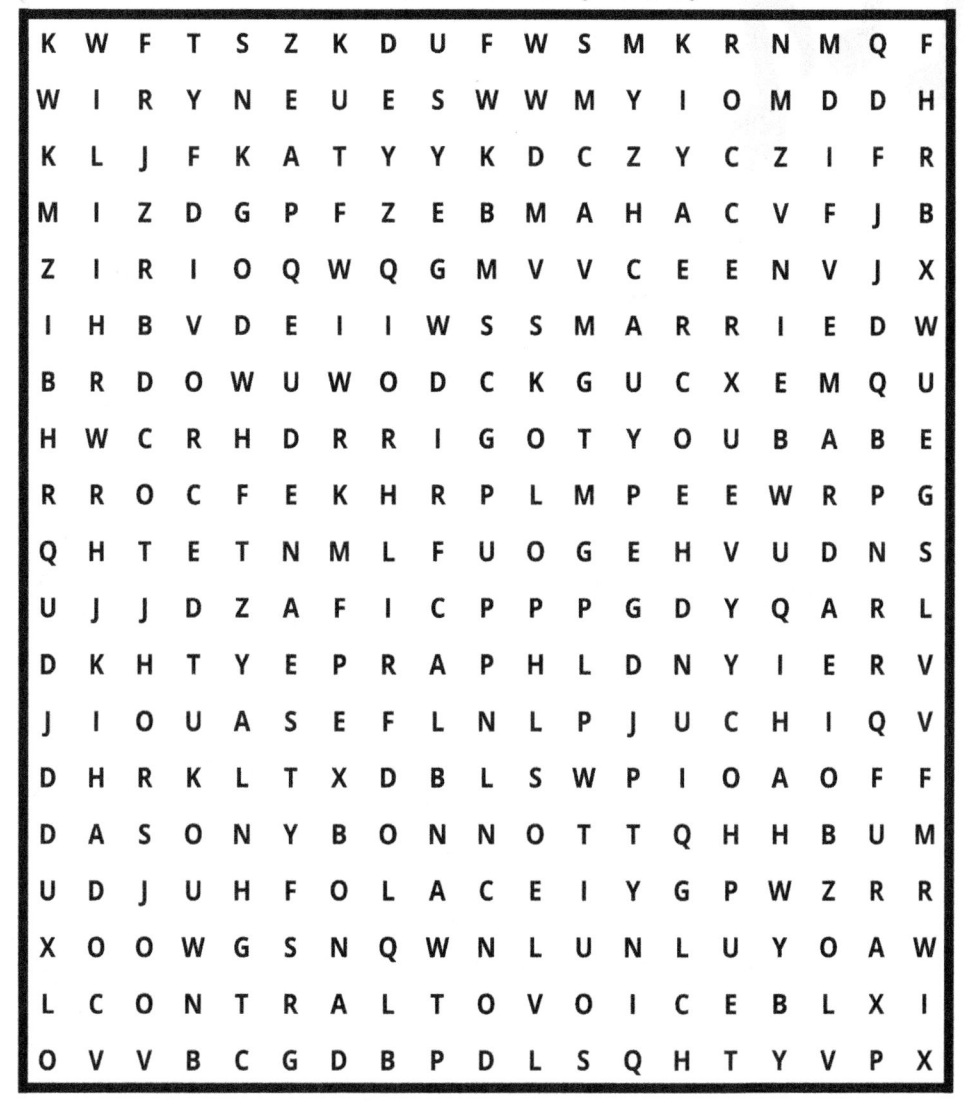

K	W	F	T	S	Z	K	D	U	F	W	S	M	K	R	N	M	Q	F
W	I	R	Y	N	E	U	E	S	W	W	M	Y	I	O	M	D	D	H
K	L	J	F	K	A	T	Y	Y	K	D	C	Z	Y	C	Z	I	F	R
M	I	Z	D	G	P	F	Z	E	B	M	A	H	A	C	V	F	J	B
Z	I	R	I	O	Q	W	Q	G	M	V	V	C	E	E	N	V	J	X
I	H	B	V	D	E	I	I	W	S	S	M	A	R	R	I	E	D	W
B	R	D	O	W	U	W	O	D	C	K	G	U	C	X	E	M	Q	U
H	W	C	R	H	D	R	R	I	G	O	T	Y	O	U	B	A	B	E
R	R	O	C	F	E	K	H	R	P	L	M	P	E	E	W	R	P	G
Q	H	T	E	T	N	M	L	F	U	O	G	E	H	V	U	D	N	S
U	J	J	D	Z	A	F	I	C	P	P	P	G	D	Y	Q	A	R	L
D	K	H	T	Y	E	P	R	A	P	H	L	D	N	Y	I	E	R	V
J	I	O	U	A	S	E	F	L	N	L	P	J	U	C	H	I	Q	V
D	H	R	K	L	T	X	D	B	L	S	W	P	I	O	A	O	F	F
D	A	S	O	N	Y	B	O	N	N	O	T	T	Q	H	H	B	U	M
U	D	J	U	H	F	O	L	A	C	E	I	Y	G	P	W	Z	R	R
X	O	O	W	G	S	N	Q	W	N	L	U	N	L	U	Y	O	A	W
L	C	O	N	T	R	A	L	T	O	V	O	I	C	E	B	L	X	I
O	V	V	B	C	G	D	B	P	D	L	S	Q	H	T	Y	V	P	X

CHER	POP DUO	MARRIED
DIVORCED	LONG HAIR	SONY BONNO
POLITICIAN	COMEDY HOUR	I GOT YOU BABE
COUNTERCULTURE	BOHEMIAN STYLE	CONTRALTO VOICE

Answer Page: 147

Nina Simone
I Put a Spell on You (1965)

Nina Simone (born Eunice Kathleen Waymon, was an American singer, songwriter, pianist, and civil rights activist, known for her unique blend of jazz, blues, folk, and classical music. Often referred to as the "High Priestess of Soul," Simone's powerful voice and deeply emotional performances conveyed themes of love, pain, and social justice. Classically trained as a pianist, she brought a sophisticated and expressive quality to her music, making her one of the most versatile and influential artists of the 20th century. Throughout her career, Simone used her music as a platform for activism, producing songs like "Mississippi Goddam" and "Four Women" that addressed racial inequality and social unrest. Her intense, passionate artistry and fearless political voice made her an icon, both musically and culturally, with her legacy continuing to resonate through contemporary music and activism.

"I Put a Spell on You"

"I Put a Spell on You", released in 1965, is one of Nina Simone's most iconic interpretations. Originally written and recorded by blues artist Screamin' Jay Hawkins in 1956, the song was a haunting mix of blues and theatricality. Simone's version transformed it into a sultry, jazz-infused ballad with a dramatic flair, capturing the song's raw emotion and dark obsession. Her deep, smoky vocals, combined with the intricate piano arrangement, gave the song a powerful, hypnotic quality. While not a commercial hit at the time, Simone's rendition has become one of the most celebrated and definitive versions of the song, showcasing her unparalleled ability to convey deep emotion and intensity. "I Put a Spell on You" has been covered by countless artists, but Simone's version stands out for its haunting beauty and has been featured in numerous films, television shows, and cultural references, solidifying its place in music history.

Nina Simone
I Put a Spell on You (1965)

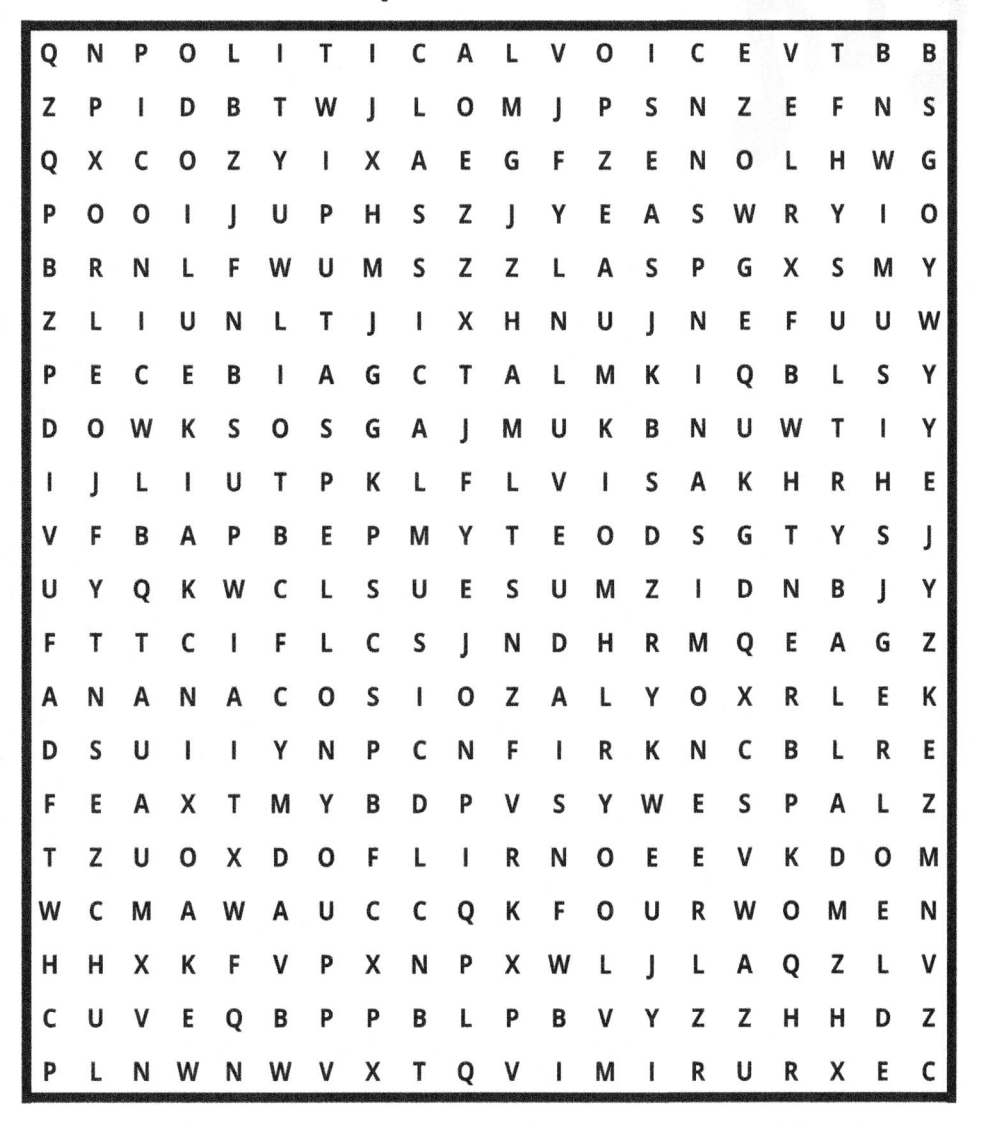

Q	N	P	O	L	I	T	I	C	A	L	V	O	I	C	E	V	T	B	B
Z	P	I	D	B	T	W	J	L	O	M	J	P	S	N	Z	E	F	N	S
Q	X	C	O	Z	Y	I	X	A	E	G	F	Z	E	N	O	L	H	W	G
P	O	O	I	J	U	P	H	S	Z	J	Y	E	A	S	W	R	Y	I	O
B	R	N	L	F	W	U	M	S	Z	Z	L	A	S	P	G	X	S	M	Y
Z	L	I	U	N	L	T	J	I	X	H	N	U	J	N	E	F	U	U	W
P	E	C	E	B	I	A	G	C	T	A	L	M	K	I	Q	B	L	S	Y
D	O	W	K	S	O	S	G	A	J	M	U	K	B	N	U	W	T	I	Y
I	J	L	I	U	T	P	K	L	F	L	V	I	S	A	K	H	R	H	E
V	F	B	A	P	B	E	P	M	Y	T	E	O	D	S	G	T	Y	S	J
U	Y	Q	K	W	C	L	S	U	E	S	U	M	Z	I	D	N	B	J	Y
F	T	T	C	I	F	L	C	S	J	N	D	H	R	M	Q	E	A	G	Z
A	N	A	N	A	C	O	S	I	O	Z	A	L	Y	O	X	R	L	E	K
D	S	U	I	I	Y	N	P	C	N	F	I	R	K	N	C	B	L	R	E
F	E	A	X	T	M	Y	B	D	P	V	S	Y	W	E	S	P	A	L	Z
T	Z	U	O	X	D	O	F	L	I	R	N	O	E	E	V	K	D	O	M
W	C	M	A	W	A	U	C	C	Q	K	F	O	U	R	W	O	M	E	N
H	H	X	K	F	V	P	X	N	P	X	W	L	J	L	A	Q	Z	L	V
C	U	V	E	Q	B	P	P	B	L	P	B	V	Y	Z	Z	H	H	D	Z
P	L	N	W	N	W	V	X	T	Q	V	I	M	I	R	U	R	X	E	C

JAZZ   BLUES   ICONIC
FOUR WOMEN   NINA SIMONE   CIVIL RIGHTS
SULTRY BALLAD   EUNICE KATHLEEN   CLASSICAL MUSIC
POLITICAL VOICE   PRIESTESS OF SOUL   I PUT A SPELL ON YOU

Answer Page: 148

The Rolling Stones
Gimme Shelter (1969)

The Rolling Stones are an English rock band formed in London in 1962, originally featuring Mick Jagger, Keith Richards, Brian Jones, Bill Wyman, and Charlie Watts. Known for their rebellious image and blues-inspired rock sound, the Stones became one of the most successful and enduring bands in rock history. Their raw energy, charismatic stage presence, and songwriting helped define the counterculture of the 1960s and beyond. Albums like Aftermath (1966) and Exile on Main St. (1972) solidified their reputation as one of the greatest rock bands, blending genres like blues, rock, and country. Even after decades of performing and numerous lineup changes, Jagger and Richards continue to tour, making The Rolling Stones one of the longest-running and most successful rock acts of all

"Gimme Shelter"

"Gimme Shelter" is one of The Rolling Stones' most powerful and politically charged songs, released in December 1969 as the opening track of their album Let It Bleed. Written by Mick Jagger and Keith Richards, the song captures the anxiety and unrest of the late 1960s, addressing themes of war, violence, and social turmoil. The haunting vocals of guest singer Merry Clayton, who delivers a chilling refrain of "rape, murder, it's just a shot away," add to the song's sense of urgency and dread. Musically, "Gimme Shelter" is driven by Richards' iconic guitar riff, creating a dark and foreboding atmosphere. Though it was never released as a single, the song became a fan favorite and is widely regarded as one of the band's greatest works. "Gimme Shelter" has since been featured in numerous films and is emblematic of the turbulent era in which it was created.

The Rolling Stones
Gimme Shelter (1969)

U	P	M	A	T	G	D	Q	D	V	V	E	T	L	D	Y	J	V	Z	W	R	L	F
N	Z	O	D	L	V	X	A	R	Y	J	M	T	N	W	G	J	A	Z	G	I	G	D
O	N	Y	L	S	J	F	R	R	F	W	B	D	U	K	Y	M	K	E	R	F	Z	X
L	E	E	X	I	L	E	O	N	M	A	I	N	S	T	R	E	E	T	V	N	C	H
E	M	N	V	S	T	A	G	E	P	R	E	S	E	N	C	E	P	M	N	R	O	Z
T	K	V	Z	S	D	I	I	B	O	U	N	F	Z	S	A	F	R	A	E	E	B	R
I	V	G	G	D	B	P	C	G	M	P	U	U	Q	L	M	M	O	T	W	O	F	J
T	V	A	F	T	E	R	M	A	T	H	C	E	X	L	U	E	L	P	J	N	X	P
B	H	E	R	Z	E	R	X	U	L	N	P	G	I	M	R	E	L	K	W	A	B	B
L	Q	J	J	Z	F	F	G	S	L	L	E	D	B	S	H	M	I	O	V	M	K	O
E	Z	T	C	S	E	H	V	C	R	S	Y	F	S	S	L	Z	N	X	V	B	K	J
E	C	I	J	B	C	T	M	H	P	O	D	C	E	C	E	T	G	Q	I	U	Y	A
D	N	A	B	M	L	B	W	A	Q	K	C	M	H	E	B	L	S	D	O	B	N	D
O	R	B	J	T	B	U	H	R	U	Q	M	K	A	A	A	O	T	N	L	Y	J	U
V	Z	D	N	B	X	L	E	I	S	I	M	N	B	W	R	M	O	Z	E	K	P	Z
C	S	G	I	H	E	Q	O	S	G	T	C	Q	V	A	Z	G	N	K	N	T	U	W
F	S	D	N	X	O	M	Y	M	R	J	L	X	R	R	N	X	E	G	C	S	U	S
V	H	Z	P	L	Y	B	N	A	C	B	P	O	B	B	B	D	S	D	E	Z	T	B
P	G	Q	V	D	J	G	N	T	R	R	E	Q	E	D	E	L	Q	O	Z	U	R	M
T	Q	F	U	I	X	N	C	I	N	B	U	H	X	W	R	A	N	H	U	R	O	J
A	G	T	K	A	T	P	I	C	D	D	E	B	V	U	O	Z	N	C	D	I	Z	S
B	B	U	I	M	A	H	P	K	H	S	B	V	Z	G	O	S	S	V	Z	B	Q	N
M	J	E	K	O	F	B	A	X	C	T	K	R	N	Q	M	S	X	B	N	P	M	P

WAR	BLUES	VIOLENCE
AFTERMATH	ROCK BAND	CHARISMATIC
LET IT BLEED	GIMME SHELTER	ROLLING STONES
STAGE PRESENCE	POLITICALLY CHARGED	EXILE ON MAIN STREET

Answer Page: 149

The Box Tops
The Letter (1967)

The Box Tops were an American rock band from Memphis, Tennessee, formed in 1967 and best known for their blue-eyed soul sound. The group was fronted by Alex Chilton, who was only 16 years old when he became the lead vocalist. Despite their young age, The Box Tops achieved significant commercial success with their distinctive blend of pop, rock, and R&B, powered by Chilton's gravelly, mature-sounding voice. Their music reflected the Memphis soul scene and was heavily influenced by the sound of Stax Records. Although their career was relatively short-lived, The Box Tops produced several memorable hits during the late 1960s. Alex Chilton later became a key figure in the power-pop movement with the band Big Star, but The Box Tops' early success cemented their place in rock history.

"The Letter"

"The Letter" is The Box Tops' most famous and enduring hit. Written by Wayne Carson, the song is remarkably short, running just under two minutes, yet its driving rhythm, catchy melody, and Chilton's soulful delivery made it a massive hit. "The Letter" topped the Billboard Hot 100 for four weeks and became one of the best-selling singles of 1967. The song's tale of longing, where the narrator urgently seeks to return to his lover after receiving a letter, resonated with listeners. It was one of the earliest examples of blue-eyed soul achieving mainstream success and is frequently cited as one of the best pop songs of the era. Over the years, "The Letter" has been covered by numerous artists, including Joe Cocker, but The Box Tops' version remains iconic, thanks in part to Chilton's gritty, emotional performance.

The Box Tops
The Letter (1967)

T	Y	M	T	G	O	H	X	J	I	M	R	L	M	Z	Y	P
X	V	K	L	E	C	P	Q	B	I	G	S	T	A	R	T	V
Y	F	D	K	S	N	M	O	I	D	A	P	Y	I	Z	H	O
W	A	O	B	T	J	N	P	P	G	K	D	M	N	M	E	C
S	B	L	U	E	E	Y	E	S	S	O	U	L	S	D	B	S
K	X	I	Z	O	H	Q	C	S	L	O	W	I	T	G	O	L
M	N	D	L	V	S	I	Z	E	S	J	N	A	R	R	X	Y
X	F	Y	I	L	M	V	M	D	R	E	Z	G	E	D	T	Y
A	P	P	Q	S	B	Y	U	E	I	C	E	K	A	I	O	U
V	I	C	R	C	H	O	T	B	E	M	Z	Y	M	F	P	H
R	M	Z	Y	C	S	T	A	X	R	E	C	O	R	D	S	P
N	S	N	T	H	E	D	K	R	I	M	X	Q	Q	Z	O	U
H	N	A	U	L	N	V	Z	E	D	P	G	C	L	E	S	R
D	C	S	E	N	A	L	E	X	C	H	I	L	T	O	N	I
W	R	H	A	S	B	L	B	W	V	I	O	F	F	V	G	S
N	T	E	P	M	I	N	T	Z	B	S	O	T	C	Y	O	V
O	D	C	C	R	O	Z	S	F	Q	I	E	B	D	M	U	V

MEMPHIS
TENNESSEE
THE BOX TOPS
CATCHY MELODY

BIG STAR
THE LETTER
ALEX CHILTON
BILLBOARD HOT

POP SONG
MAINSTREAM
STAX RECORDS
BLUE EYES SOUL

Answer Page: 150

The Monkees
I'm a Believer   (1966)

The Monkees were an American pop-rock band formed in 1966 for a television show of the same name, created to capitalize on the popularity of The Beatles and the British Invasion. The original members—Davy Jones, Micky Dolenz, Michael Nesmith, and Peter Tork—were initially cast as actors, but they quickly became a legitimate musical group. Despite early reliance on professional songwriters and session musicians, The Monkees eventually took control of their own music, with members contributing to songwriting, vocals, and instrumentation. Their cheerful, upbeat pop-rock songs, combined with their comedic TV show, made them immensely popular, particularly with younger audiences. By the late 1960s, The Monkees had achieved several No. 1 hits and multi-platinum albums, securing their place in pop culture history. Though initially dismissed by critics, The Monkees later gained appreciation for their catchy music and lasting influence on pop and rock.

"I'm a Believer"

"I'm a Believer" is one of The Monkees' most iconic and successful songs. Written by Neil Diamond, the song became a massive hit, reaching No. 1 on the Billboard Hot 100, where it stayed for seven weeks. It also topped charts in several other countries, selling over 10 million copies worldwide. "I'm a Believer" is an upbeat, infectious pop song about discovering love after initial doubt, with its joyful melody and catchy chorus contributing to its widespread appeal. Micky Dolenz's lead vocals and the song's bright instrumentation, featuring jangly guitars and a driving rhythm, made it an instant classic of the 1960s pop era. The song was prominently featured in The Monkees TV show, further boosting its popularity. Over the years, "I'm a Believer" has been covered by numerous artists, including a notable version by Smash Mouth for the 2001 film Shrek, ensuring its continued relevance across generations.

The Monkees
I'm a Believer (1966)

D	W	D	X	Z	U	N	T	E	G	F	Q	C	V	J	O	Q	C	B
A	D	T	Q	E	U	L	E	K	E	D	X	P	V	O	K	X	K	O
V	W	G	H	N	X	I	L	I	R	O	S	O	K	D	Y	I	O	L
Y	G	L	N	A	C	T	E	N	L	L	E	P	V	Q	B	L	F	J
J	U	G	V	S	S	R	V	A	X	D	M	E	X	D	J	R	I	O
O	P	H	V	H	M	A	I	W	P	T	I	R	Y	S	K	B	E	F
N	E	X	N	U	D	T	S	M	M	S	C	A	P	O	D	U	L	I
E	T	M	M	N	V	T	I	C	A	Z	H	P	M	C	Y	O	R	Q
S	E	X	R	A	U	T	O	A	N	B	A	R	Q	O	I	Q	R	M
L	R	R	F	C	S	C	N	E	L	Y	E	R	E	P	N	S	S	Z
O	T	S	N	S	K	H	L	U	C	V	L	L	D	K	O	D	Z	B
V	O	P	O	P	R	O	C	K	B	A	N	D	I	J	V	S	I	B
G	R	W	R	Q	D	R	V	T	P	R	E	H	G	E	X	F	I	W
J	K	I	K	Y	S	F	E	K	K	S	S	M	C	N	V	X	Q	O
J	V	X	K	T	G	U	Z	T	H	E	M	O	N	K	E	E	S	A
B	H	C	K	X	B	G	Y	L	M	C	I	V	Y	H	R	M	R	M
N	I	Z	K	N	A	F	L	F	O	V	T	D	L	M	Z	O	E	F
M	M	S	M	A	S	H	M	O	U	T	H	N	U	G	I	Z	R	K
G	Y	K	K	F	Z	A	A	H	H	Q	G	E	Y	N	F	Y	E	V

SHREK   POP ERA   TELEVISION
DAVY JONES   PETER TORK   THE MONKEES
SMASH MOUTH   MICKY DOLENZ   NEIL DIAMOND
IM A BELIEVER   POP ROCK BAND   MICHAEL NESMITH

Answer Page: 151

Wilson Pickett
In the Midnight Hour   (1965)

Wilson Pickett was an American singer and songwriter, known as one of the most iconic figures in the history of soul music. His powerful, raspy voice and energetic performances made him a central figure in the Southern soul movement of the 1960s. Pickett began his career as a gospel singer before transitioning to secular music, first with the Falcons and later as a solo artist. His music was rooted in the deep soul sound of labels like Stax and Atlantic Records, and he collaborated with legendary musicians like Steve Cropper and Booker T. & the MG's. Pickett was responsible for some of the most enduring hits of the soul era, including "Mustang Sally," "Land of 1000 Dances," and "Funky Broadway." His fiery, emotive vocal style influenced countless artists, and he was inducted into the Rock and Roll Hall of Fame in 1991.

"In the Midnight Hour"

"In the Midnight Hour", released in 1965, is Wilson Pickett's signature song and one of the most influential soul tracks of all time. Co-written by Pickett and guitarist Steve Cropper of Booker T. & the MG's, the song was recorded at Stax Studios in Memphis and became an instant hit. "In the Midnight Hour" reached No. 1 on the R&B charts and peaked at No. 21 on the Billboard Hot 100, establishing Pickett as a major force in soul music. The song's driving rhythm, catchy horn riffs, and Pickett's impassioned vocals defined the Southern soul sound. Its famous "delayed backbeat" groove, introduced by Cropper, became a hallmark of the genre and influenced countless subsequent soul and rock recordings. "In the Midnight Hour" remains a timeless classic and a testament to Pickett's impact on the evolution of soul music.

Wilson Pickett
In the Midnight Hour (1965)

```
J U H Q J B K M R B J B P V I E P Y E U
S O U L M U S I C W Q W F W W T Y P C L
F R V O P Y I D S Z X C G Y T I Y V W V
K U I I N V A N V B V F H E X C J U Z Z
X U N V Q S S I G P V S K T G O C D G Z
G Y M K S F U G A Q D C M I I N L Y G T
K O U C Y B B H O N I T Z M W I S C V Q
W D S X P B F T C P D L S E S C V H R Y
F N T P F R R H N F P V I L P F N V Y D
X O A F E Q J O R S X L I E T I T M N J
R I N T M L S U A C X S B S F G P E C N
G X G Y Q L S R P D R I P S E U I M O L
V Q S K I S Z I L M W K K C V R K P T X
V W A W H X E X N L Z A O L E E G H Y P
T L L E J W M D G G N Q Y A H S W I N E
E S L D G S O U T H E R N S O U L S G Q
M J Y C S E R R J S V R H S E Y N B X I
O L N A A N K J D K T B N I M S T Z T F
O T Q F A L C O N S Q R Q C K M Z R K E
F X Y G P X S T A X R E C O R D S C O T
```

FALCONS
STAX RECORDS
GOSPEL SINGER
ICONIC FIGURES
MEMPHIS
MIDNIGHT HOUR
MUSTANG SALLY
FUNKY BROADWAY
SOUL MUSIC
SOUTHERN SOUL
WILSON PICKETT
TIMELESS CLASSIC

~ 93 ~   Answer Page: 152

Janis Joplin
Piece of My Heart   (1968)

Janis Joplin was an American rock, blues, and soul singer, widely regarded as one of the most powerful and influential vocalists in the history of rock music. Known for her raw, emotive voice and electrifying stage presence, Joplin became a symbol of the counterculture movement of the 1960s. She first gained prominence as the lead singer of Big Brother and the Holding Company before embarking on a successful solo career. Her music blended rock, blues, and soul with a deeply personal and emotional intensity. Joplin's ability to convey both vulnerability and strength made her an icon of female empowerment in rock. Tragically, her career was cut short when she died of a drug overdose at age 27, but her legacy continues to inspire generations of musicians. Joplin was posthumously inducted into the Rock and Roll Hall of Fame in 1995.

"Piece of My Heart"

"Piece of My Heart" is one of Janis Joplin's most iconic songs and a defining track of the 1960s rock era. Originally recorded by Erma Franklin in 1967, Joplin's version with Big Brother and the Holding Company transformed the song into a raw, bluesy anthem of heartbreak and emotional release. Featured on the album Cheap Thrills, the song showcased Joplin's powerful, soulful voice, which could move from tender vulnerability to a full-throated, cathartic scream. Joplin's rendition reached No. 12 on the Billboard Hot 100 and became one of her signature songs. The passionate delivery and unpolished, garage-rock sound captured the rebellious spirit of the times and made it a favorite at her live performances. "Piece of My Heart" remains one of the greatest rock songs of all time, and Joplin's interpretation has become the definitive version, exemplifying her ability to channel deep emotion into her music.

Janis Joplin
Piece of My Heart   (1968)

```
K I T Q F D O Z X K E T H N P V Z H J T
I R C T V N U Z U L W Z X R Z M N I Y V
R X D R O C K A N D R O L L R Z O Z C B
W D T R S J H Z Q L I N P O C W H I A L
T H A B C H A H E U F J S V R G N R T R
S T T B B V K N R A Y R O L R O E A H L
D O S K L G G R I Q D H C E C R I N A E
L Y U S T U G T X S E Q H I J I D U R G
Z M E L B B E D T P J T E J N N V U T A
Q E G C S Y B S E G O O A B Z F T D I C
Y H Q G T I D K N R A Z P K G L U U C Y
Q G N I R J N X B Z V S T L U U K L S L
O H I O G I N G P E R H H C I E E B C X
R W V O H W I J E T D V R E I N P C R I
R U X S F B P T K R Y E I H K T I G E V
H W E W C S F T S P T Z L V E I O V A X
O R S O B R S Y Z N P K L Y M A G T M E
G Q B N T O S A U D Y N S X U L W T U Y
T E P I E C E O F M Y H E A R T G U C Z
A U W X I R C X P M A K C V O J B Y A T
```

BLUES   LEGACY   ICONIC
SOUL SINGER   INFLUENTIAL   BIG BROTHER
JANIS JOPLIN   ROCK AND ROLL   CHEAP THRILLS
COUNTERCULTURE   CATHARTIC SCREAM PIECE OF MY HEART

~ 95 ~   Answer Page: 153

The Beatles
Come Together   (1969)

The Beatles were an English rock band formed in Liverpool in 1960, consisting of John Lennon, Paul McCartney, George Harrison, and Ringo Starr. Widely regarded as the most influential band in the history of popular music, The Beatles spearheaded the British Invasion in the 1960s and helped shape the modern rock genre. Known for their innovative songwriting, groundbreaking albums, and cultural impact, they produced timeless classics like A Hard Day's Night, Sgt. Pepper's Lonely Hearts Club Band, and Abbey Road. Their influence extends beyond music, as they revolutionized fashion, politics, and global youth culture during the 1960s. Despite their breakup in 1970, The Beatles' music continues to inspire generations.

"Come Together"

"Come Together" is one of The Beatles' most iconic songs, opening their 1969 album Abbey Road. Written primarily by John Lennon, the song is known for its cryptic, surreal lyrics and its slinky, bluesy groove. Initially conceived as a campaign song for Timothy Leary's run for governor of California, "Come Together" evolved into a more abstract, introspective track, blending elements of rock, blues, and funk. Lennon's vocal delivery, along with Paul McCartney's prominent bassline and Ringo Starr's inventive drumming, gives the song a hypnotic, laid-back feel. Released as a double A-side single with "Something," "Come Together" topped the Billboard Hot 100 in the U.S. in November 1969. Though not as commercially dominant in the UK, where it peaked at No. 4, it remains one of The Beatles' most celebrated songs and a defining track from Abbey Road.

The Beatles
Come Together (1969)

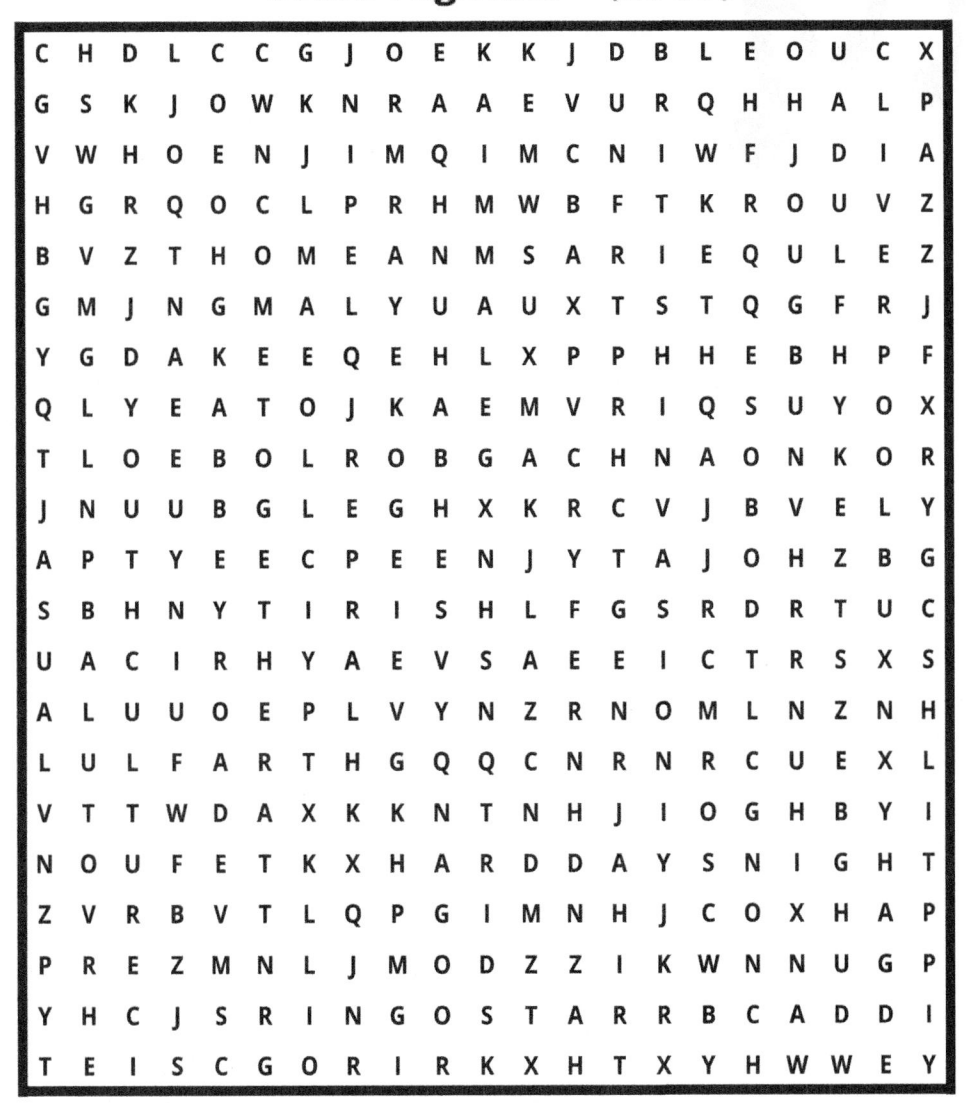

C	H	D	L	C	C	G	J	O	E	K	K	J	D	B	L	E	O	U	C	X
G	S	K	J	O	W	K	N	R	A	A	E	V	U	R	Q	H	H	A	L	P
V	W	H	O	E	N	J	I	M	Q	I	M	C	N	I	W	F	J	D	I	A
H	G	R	Q	O	C	L	P	R	H	M	W	B	F	T	K	R	O	U	V	Z
B	V	Z	T	H	O	M	E	A	N	M	S	A	R	I	E	Q	U	L	E	Z
G	M	J	N	G	M	A	L	Y	U	A	U	X	T	S	T	Q	G	F	R	J
Y	G	D	A	K	E	E	Q	E	H	L	X	P	P	H	H	E	B	H	P	F
Q	L	Y	E	A	T	O	J	K	A	E	M	V	R	I	Q	S	U	Y	O	X
T	L	O	E	B	O	L	R	O	B	G	A	C	H	N	A	O	N	K	O	R
J	N	U	U	B	G	L	E	G	H	X	K	R	C	V	J	B	V	E	L	Y
A	P	T	Y	E	E	C	P	E	E	N	J	Y	T	A	J	O	H	Z	B	G
S	B	H	N	Y	T	I	R	I	S	H	L	F	G	S	R	D	R	T	U	C
U	A	C	I	R	H	Y	A	E	V	S	A	E	E	I	C	T	R	S	X	S
A	L	U	U	O	E	P	L	V	Y	N	Z	R	N	O	M	L	N	Z	N	H
L	U	L	F	A	R	T	H	G	Q	Q	C	N	R	N	R	C	U	E	X	L
V	T	T	W	D	A	X	K	K	N	T	N	H	J	I	O	G	H	B	Y	I
N	O	U	F	E	T	K	X	H	A	R	D	D	A	Y	S	N	I	G	H	T
Z	V	R	B	V	T	L	Q	P	G	I	M	N	H	J	C	O	X	H	A	P
P	R	E	Z	M	N	L	J	M	O	D	Z	Z	I	K	W	N	N	U	G	P
Y	H	C	J	S	R	I	N	G	O	S	T	A	R	R	B	C	A	D	D	I
T	E	I	S	C	G	O	R	I	R	K	X	H	T	X	Y	H	W	W	E	Y

LIVERPOOL   ABBEY ROAD   THE BEATLES
JOHN LENNON   RINGO STARR   COME TOGETHER
YOUTH CULTURE   PAUL MCCARTNEY   HARD DAYS NIGHT
GEORGE HARRISON   BRITISH INVASION   LONLEY HEARTS CLUB

Answer Page: 154

Dion
Runaround Sue   (1961)

Dion (born Dion Francis DiMucci on July 18, 1939) is an American singer and songwriter who became a prominent figure in the early days of rock and roll. Known for his smooth voice and charismatic stage presence, Dion rose to fame in the late 1950s as the lead singer of Dion and the Belmonts, a doo-wop group that had hits like "A Teenager in Love" and "Where or When." After going solo in the early 1960s, Dion's music evolved from doo-wop to incorporate rock, pop, and blues influences, making him one of the most versatile performers of his era. His career continued through the decades, blending rock with blues and gospel, and he was inducted into the Rock and Roll Hall of Fame in 1989. Dion's music, marked by its sincerity and energy, influenced many later rock and roll artists.

"Runaround Sue"

"Runaround Sue" is Dion's biggest solo hit and one of the most recognizable songs of the early rock and roll era. Co-written by Dion and Ernie Maresca, the song tells the story of a heartbroken young man warning others about "Sue," a girl who is unfaithful and leads men on. With its upbeat rhythm, catchy melody, and doo-wop-inspired harmonies, "Runaround Sue" topped the Billboard Hot 100 chart for two weeks and became a defining track of the early '60s. It also reached No. 11 on the UK Singles Chart, showcasing its international appeal. The song's infectious energy, driven by Dion's dynamic vocals and its fun, sing-along chorus, made it a timeless classic. "Runaround Sue" continues to be a staple of oldies radio and has influenced generations of pop and rock musicians.

Dion
Runaround Sue (1961)

T	L	S	D	S	S	C	R	S	H	H	C	X	U	R	S	G	A	F
H	E	T	R	R	V	X	W	A	L	Q	A	G	E	U	M	H	I	Y
R	X	E	U	N	Z	V	D	O	O	W	O	P	G	R	O	U	P	T
D	I	O	N	D	Q	M	K	A	H	C	P	V	H	K	O	C	X	F
K	S	N	A	A	D	B	B	E	L	M	O	N	T	S	T	X	G	V
K	J	U	R	N	G	P	I	Q	H	F	A	C	D	U	H	A	E	Q
P	H	B	O	V	G	E	G	U	T	B	O	U	R	J	V	I	U	Q
O	A	L	U	A	D	O	R	O	C	K	A	N	D	R	O	L	L	U
F	R	A	N	C	I	S	D	I	M	U	C	C	I	C	I	P	A	K
Y	M	Y	D	Q	S	L	S	B	N	R	O	R	G	P	C	C	U	X
A	O	B	S	K	W	N	Q	V	Y	L	X	O	R	V	E	U	O	A
V	N	W	U	G	B	C	Q	M	K	B	O	F	V	Y	I	E	Y	P
R	I	P	E	L	K	P	J	P	M	E	E	V	X	O	K	R	B	N
Q	E	H	L	S	T	A	G	E	P	R	E	S	E	N	C	E	U	X
I	S	X	B	B	G	C	A	S	O	N	G	W	R	I	T	E	R	G
Z	U	J	Q	E	Q	H	R	M	A	D	G	B	M	V	Q	O	L	Z
I	M	O	G	F	N	L	M	G	K	B	P	P	Y	O	Y	Q	N	U
I	S	G	P	M	X	T	E	V	T	W	I	Y	Y	O	L	D	L	Y
K	K	C	A	T	C	H	Y	M	E	L	O	D	Y	N	F	D	F	O

DION   BELMONTS   HARMONIES
SONGWRITER   SMOOTH VOICE   ROCK AND ROLL
DOO WOP GROUP   RUNAROUND SUE   CATCHY MELODY
STAGE PRESENCE   FRANCIS DIMUCCI TEENAGER IN LOVE

The Lovin' Spoonful
Summer in the City (1966)

The Lovin' Spoonful is an American rock band formed in New York City in 1965, blending folk, rock, and jug-band influences into a distinct, upbeat sound that became synonymous with the 1960s. Led by singer-songwriter John Sebastian, along with guitarist Zal Yanovsky, bassist Steve Boone, and drummer Joe Butler, the band produced a string of hit songs in the mid-1960s. Their music, characterized by catchy melodies and a playful, positive vibe, was part of the folk-rock movement but leaned heavily on pop sensibilities. Their hits include "Do You Believe in Magic," "Daydream," and "Summer in the City." The band was inducted into the Rock and Roll Hall of Fame in 2000.

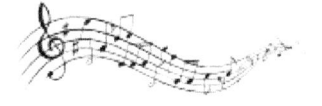

"Summer in the City"

"Summer in the City" is one of The Lovin' Spoonful's most famous songs, released in July 1966. It stands out for its grittier, urban vibe compared to the band's usual light, folk-pop sound. Written by John Sebastian, his brother Mark, and Steve Boone, the song captures the contrasting experiences of city life in summer — sweltering heat during the day and the vibrant, exciting nightlife after sundown. The song became a commercial success, reaching No. 1 on the Billboard Hot 100 chart on August 13, 1966, and stayed there for three weeks. It sold over a million copies, cementing its place as a quintessential summer anthem of the 1960s.

The Lovin' Spoonful
Summer in the City (1966)

S	P	V	R	R	O	J	K	B	P	C	T	N	G	E	M
D	S	U	U	W	S	U	M	M	E	R	X	I	R	Z	R
I	B	P	J	Y	E	E	M	I	E	P	M	K	P	W	E
N	G	P	O	L	A	N	B	M	W	B	A	Z	M	E	U
T	E	U	P	O	V	D	A	A	H	Y	W	D	J	S	S
H	O	W	M	D	N	F	I	Z	S	O	G	P	W	A	D
E	C	B	Y	Z	F	F	O	W	C	T	M	T	T	Z	C
C	G	U	C	O	R	C	U	J	E	H	I	W	M	G	R
I	X	T	L	H	R	H	Y	L	K	Z	N	A	N	E	A
T	D	L	J	I	B	K	J	A	X	G	W	V	N	P	J
Y	A	E	O	U	S	J	C	A	B	S	I	O	E	C	A
H	C	R	Q	V	G	B	S	I	M	B	O	A	N	I	H
I	J	Q	O	O	I	B	U	M	T	B	Z	D	A	A	K
L	S	N	U	V	N	N	A	Q	C	Y	R	C	N	E	I
N	A	R	O	C	K	B	A	N	D	Y	M	K	S	P	Y
Y	Y	T	Z	B	F	B	U	E	D	Z	H	I	K	G	K

LOVIN
BUTLER
YANOVSKY
IN THE CITY

BOONE
SPOONFUL
ROCK BAND
HALL OF FAME

SUMMER
JUG BAND
SEBASTIAN
NEW YORK CITY

The Beach Boys
Wouldn't It Be Nice (1966)

The Beach Boys are an iconic American rock band formed in Hawthorne, California, in 1961, known for their lush harmonies and songs that encapsulate the Southern California lifestyle of surfing, cars, and romance. The original lineup consisted of brothers Brian, Dennis, and Carl Wilson, their cousin Mike Love, and friend Al Jardine. Brian Wilson, the band's primary songwriter and producer, crafted a distinct blend of pop, rock, and sophisticated harmonies, shaping the band's early surf rock sound. By the mid-1960s, their music evolved to include more complex arrangements and lyrical depth, as seen in the critically acclaimed album Pet Sounds. The Beach Boys are regarded as one of the most influential bands in music history, known for their innovative use of harmonies and production techniques.

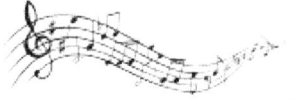

"Wouldn't It Be Nice"

"Wouldn't It Be Nice" is the opening track of Pet Sounds, released in 1966, and is considered one of The Beach Boys' most beloved songs. Written by Brian Wilson, Tony Asher, and Mike Love, the song expresses youthful longing for the idealized happiness of marriage and adulthood, captured through the band's signature harmonies and lush, orchestral arrangements. The song is notable for its bright, uplifting melody that contrasts with its deeper emotional themes. Though it only peaked at No. 8 on the Billboard Hot 100 in the U.S., it became a staple of The Beach Boys' repertoire and is widely regarded as one of the standout tracks of Pet Sounds. The album itself went on to become one of the most influential in rock history, often cited as a precursor to more experimental music.

The Beach Boys
Wouldn't It Be Nice (1966)

```
I P Q P N N R J R L G U V S S M X C G P
B D I B V O A J O I E D E R U R Z P E N
A E I S C W S C M L J X C G L Z V N S X
N H A Q U W U H A R M O N I E S K X A E
Q J P C Y R R U N L M V Y B G A U F R N
X X D C H P F L C W I T R W F R S C U V
E M Z W B B R I E M I F Z R D Q S Y K Y
C D O B V H O R N I G E O D A D L Y B J
Q E L I T A C Y J G F T T R N F M O Y X
J F A L F W K H S N Q E P U N O S D H F
H O L L Q T S P L Y A X O A H I O N U E
P E A B Z H O C T G J S D F R L A A F H
Q J F O W O U L D N T I T B E N I C E N
G P Q A A R N J F E Z C K M U X D O R Q
X E K R H N D B P D M K O I H O O N K P
S O D D F E K U R F Y Z P V E X L A A G
S R A H Y M W Z U W C W M G I Z O U M M
S V P O P A N D R O C K W L P G H B T O
T E Z T L R K M I U S Y T Q G I X C Q I
X C Q H D U B C P P O I D H G W H M L L
```

MELODY   SURFING   ROMANCE
HAWTHORNE   HARMONIES   BEACH BOYS
CALIFORNIA   PET SOUNDS   POP AND ROCK
BILLBOARD HOT   SURF ROCK SOUND   WOULDNT IT BE NICE

Jimi Hendrix
All Along the Watchtower (1968)

Jimi Hendrix, born in 1942 in Seattle, Washington, is widely regarded as one of the greatest and most innovative guitarists in rock history. Known for his explosive guitar playing, technical mastery, and genre-defying sound, Hendrix revolutionized the electric guitar with his use of feedback, distortion, and effects pedals. His brief but influential career took off in the late 1960s, after moving to London and forming The Jimi Hendrix Experience. Albums like Are You Experienced and Electric Ladyland showcased his blend of rock, blues, and psychedelia. Hendrix's legendary performance at Woodstock in 1969, where he played a stirring rendition of "The Star-Spangled Banner," remains one of the most iconic moments in music history. Tragically, Hendrix died in 1970 at the age of 27, but his pioneering work continues to influence musicians worldwide.

"All Along the Watchtower"

Jimi Hendrix's version of "All Along the Watchtower," released in September 1968, is a legendary cover of Bob Dylan's original song from the same year. Hendrix transformed the acoustic folk tune into an electrifying rock masterpiece, characterized by his searing guitar work and intense vocal delivery. His interpretation gave the song a new dimension, blending rock, blues, and psychedelia, and is often considered superior to the original by many fans and critics alike. Recorded for the Electric Ladyland album, Hendrix's "All Along the Watchtower" became his highest-charting single in the U.S., reaching No. 20 on the Billboard Hot 100. Bob Dylan himself was so impressed by Hendrix's version that he adapted it into his own live performances. The song remains one of Hendrix's most enduring and influential recordings, showcasing his groundbreaking guitar skills and creative genius.

Jimi Hendrix
All Along the Watchtower (1968)

R	E	M	E	Q	V	W	T	J	Z	K	O	O	M	Y	D	J	J	Q	F	O	E	O
Q	D	M	L	E	H	Q	L	O	D	Z	M	U	G	N	X	Z	T	X	Q	P	G	E
A	G	K	B	Q	B	A	Z	E	I	H	G	Y	O	T	X	W	Z	R	R	E	T	Y
B	P	X	W	K	X	Y	X	C	S	A	E	X	S	D	S	B	Z	K	N	G	P	T
B	F	F	N	D	R	C	O	M	T	I	N	I	Y	Z	J	L	I	F	Z	D	W	E
A	M	A	Q	W	E	G	G	P	O	Q	R	Y	G	J	N	U	D	Z	W	G	J	C
F	M	Z	R	P	K	P	R	L	R	A	E	Y	W	D	L	E	V	M	F	B	N	H
F	O	L	O	A	L	O	N	G	T	H	E	W	A	T	C	H	T	O	W	E	R	N
C	R	D	C	X	Z	I	G	I	I	F	Z	A	O	N	U	Z	I	D	F	R	A	I
H	Z	M	K	K	I	R	U	K	O	O	Z	G	E	N	H	L	S	H	C	T	I	C
X	V	J	H	N	W	G	F	D	N	G	E	I	C	I	V	T	J	Z	S	U	T	A
K	R	T	I	F	W	E	L	E	C	T	R	I	C	L	A	D	Y	L	A	N	D	L
W	V	H	S	M	H	A	S	N	L	E	H	I	H	Z	B	A	F	U	O	W	S	M
A	Q	F	T	E	I	V	A	V	P	I	D	P	S	Y	C	H	E	D	E	L	I	A
P	L	H	O	Q	V	H	W	X	L	L	U	I	L	Y	S	Z	N	S	R	Q	J	S
U	O	T	R	C	X	R	E	W	J	R	B	W	X	S	K	O	V	H	N	F	Q	T
D	E	H	Y	R	D	U	Z	N	Y	C	K	X	P	U	L	V	K	C	V	C	D	E
R	R	F	K	B	O	Y	S	L	D	D	W	A	K	B	P	U	S	N	R	A	O	R
Z	F	U	A	Y	L	Z	A	A	E	R	H	U	B	P	L	Z	S	H	E	Q	P	Y
P	W	S	E	A	T	T	L	E	G	Y	I	H	O	Q	Q	Z	F	J	G	N	H	C
P	A	R	N	J	S	T	T	Q	T	C	C	X	T	W	B	J	Z	Q	E	T	L	I
R	A	O	I	H	M	B	Q	Y	M	G	E	W	F	V	C	J	P	E	G	Z	R	I
I	F	A	W	H	F	N	B	H	H	F	P	T	K	W	J	D	T	N	W	I	D	M

GENRE   LONDON   SEATTLE
GUITARIST   DISTORTION   PSYCHEDELIA
JIMI HENDRIX   ROCK HISTORY   TECHNICAL MASTERY
ELECTRIC LADYLAND ARE YOU EXPERIENCED ALONG THE WATCHTOWER

The Rascals
Groovin' (1967)

The Rascals, originally known as The Young Rascals, are an American rock band formed in 1965 in Garfield, New Jersey. The core members were Felix Cavaliere (vocals/keyboard), Eddie Brigati (vocals/percussion), Gene Cornish (guitar), and Dino Danelli (drums). The band blended rock, soul, and R&B influences, crafting a unique and infectious sound that dominated the charts in the mid-to-late 1960s. Known for their soulful vocals and energetic performances, The Rascals produced a string of hits including "Good Lovin'," "People Got to Be Free," and "Groovin'." Their music was socially conscious and embodied the optimism and cultural changes of the era. The Rascals were inducted into the Rock and Roll Hall of Fame in 1997.

"Groovin'"

"Groovin'" is one of The Rascals' most famous songs, released in April 1967. Written by Felix Cavaliere and Eddie Brigati, the song has a laid-back, soulful feel, celebrating the simple pleasures of relaxing and spending time with a loved one on a Sunday afternoon. The smooth, carefree melody, combined with the Latin-inspired rhythm, distinguished it from the more upbeat rock songs of the time. "Groovin'" became a massive hit, reaching No. 1 on the Billboard Hot 100 chart in May 1967 and spending four weeks at the top. It also charted internationally, marking the band's evolution from their early garage rock sound into a more sophisticated, R&B-infused style.

The Rascals
Groovin' (1967)

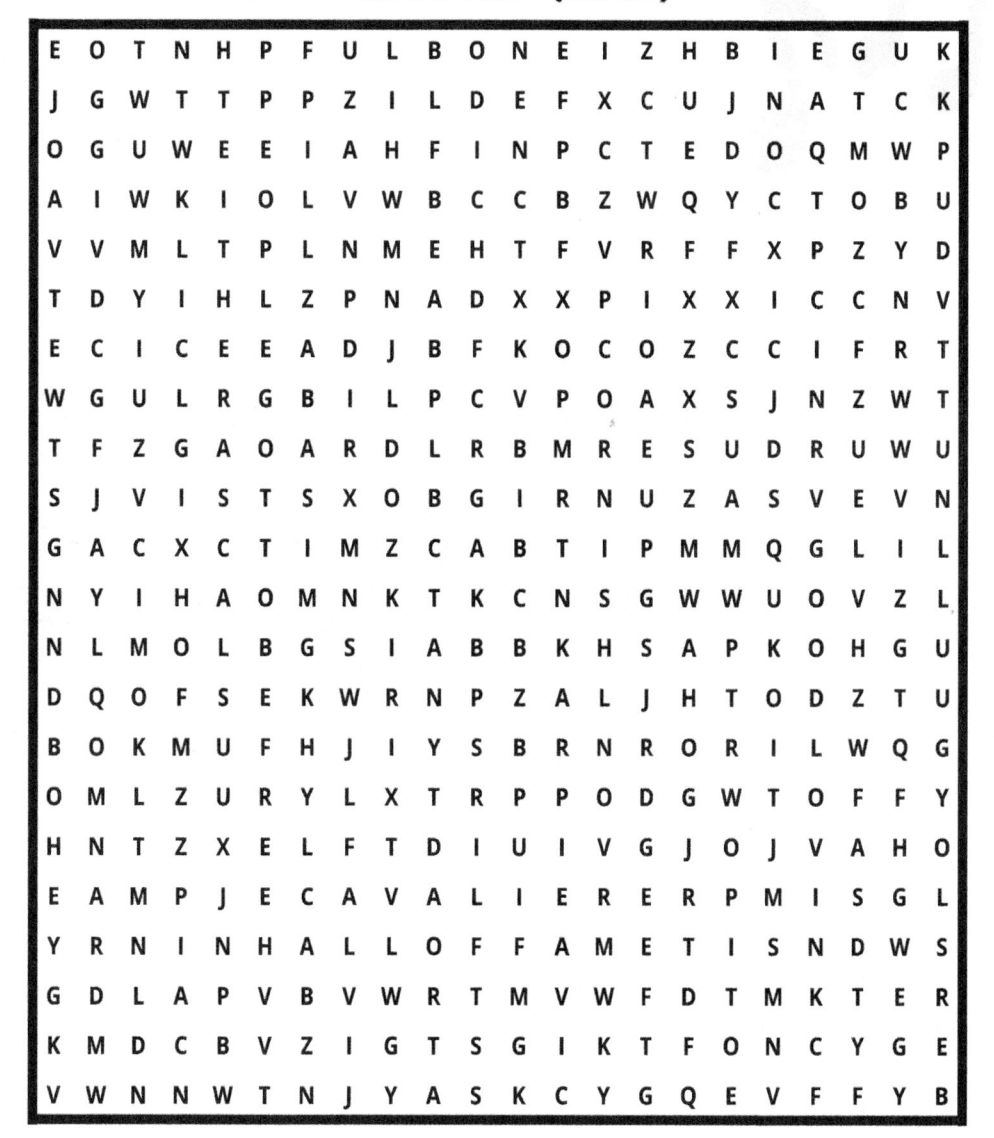

```
E O T N H P F U L B O N E I Z H B I E G U K
J G W T T P P Z I L D E F X C U J N A T C K
O G U W E E I A H F I N P C T E D O Q M W P
A I W K I O L V W B C C B Z W Q Y C T O B U
V V M L T P L N M E H T F V R F F X P Z Y D
T D Y I H L Z P N A D X X P I X X I C C N V
E C I C E E A D J B F K O C O Z C C I F R T
W G U L R G B I L P C V P O A X S J N Z W T
T F Z G A O A R D L R B M R E S U D R U W U
S J V I S T S X O B G I R N U Z A S V E V N
G A C X C T I M Z C A B T I P M M Q G L I L
N Y I H A O M N K T K C N S G W W U O V Z L
N L M O L B G S I A B B K H S A P K O H G U
D Q O F S E K W R N P Z A L J H T O D Z T U
B O K M U F H J I Y S B R N R O R I L W Q G
O M L Z U R Y L X T R P P O D G W T O F F Y
H N T Z X E L F T D I U I V G J O J V A H O
E A M P J E C A V A L I E R E R P M I S G L
Y R N I N H A L L O F F A M E T I S N D W S
G D L A P V B V W R T M V W F D T M K T E R
K M D C B V Z I G T S G I K T F O N C Y G E
V W N N W T N J Y A S K C Y G Q E V F F Y B
```

GROOVIN
DANELLI
LAID BACK
HALL OF FAME
BRIGATI
ROCK BAND
GOOD LOVIN
LATIN-INSPIRED
CORNISH
CAVALIERE
THE RASCALS
PEOPLE GOT TO BE FREE

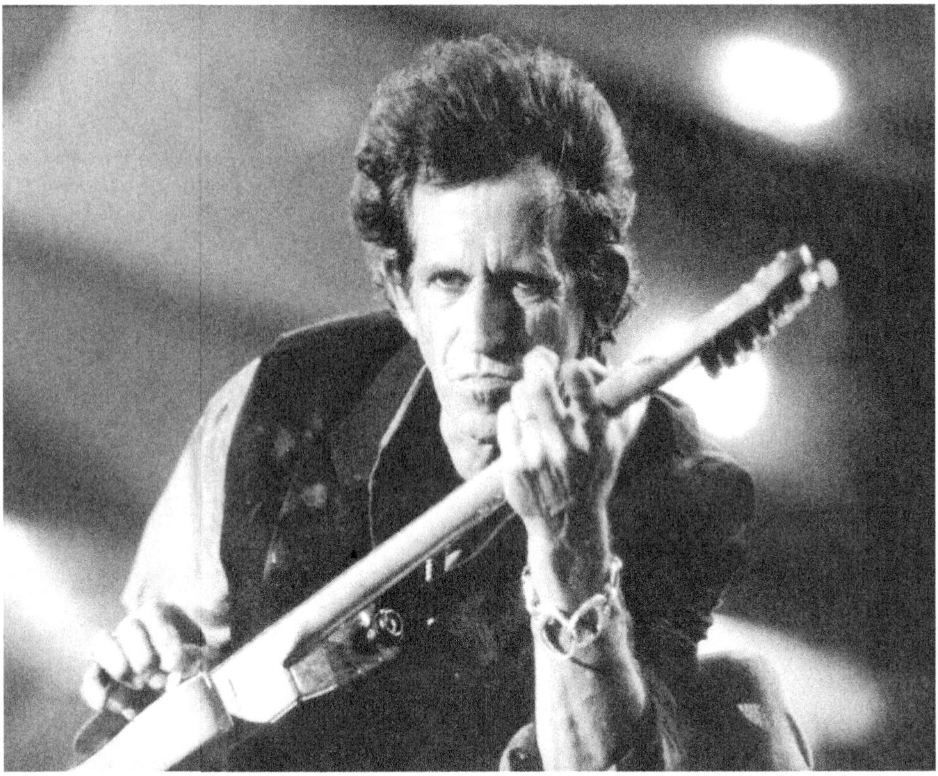

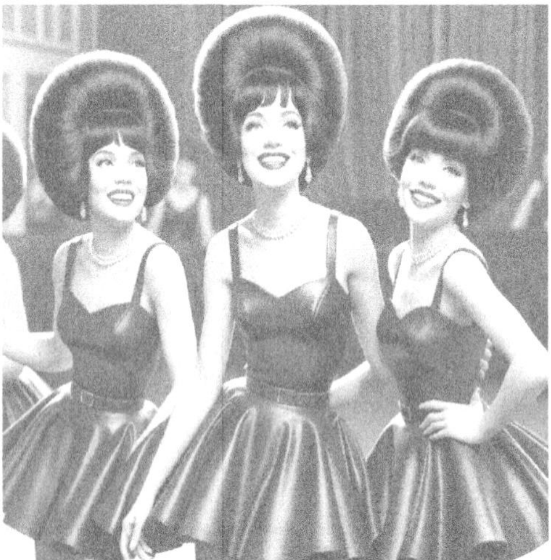

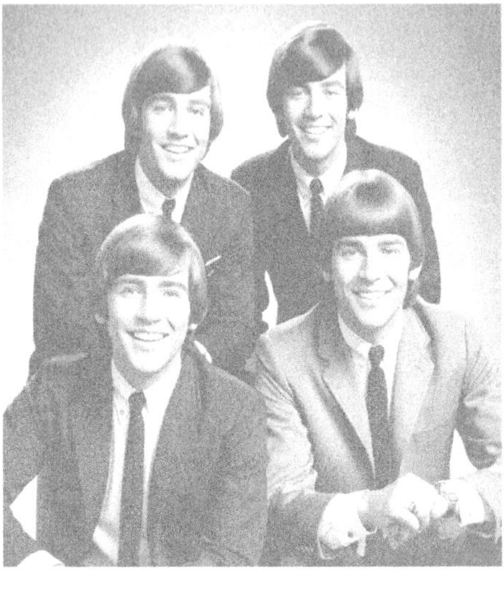

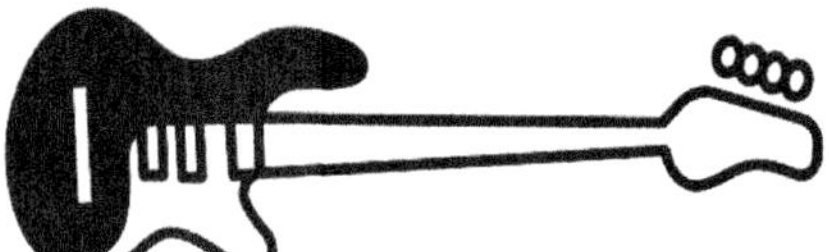

ANSWERS

The Beatles
Hey Jude (1968)

A	Q	L	D	N	I	V	V	L	W	W	Y	Z	K	A	J
X	Z	Z	L	P	G	L	E	N	N	O	N	O	J	X	G
C	V	I	P	I	A	F	B	Q	J	U	L	I	A	N	C
N	U	Y	M	C	C	B	A	C	G	F	I	G	Q	V	Y
Z	G	T	I	C	K	O	B	D	G	L	V	W	U	O	U
H	L	R	T	K	C	P	N	E	O	W	E	Z	F	V	P
U	Y	V	R	H	V	A	R	I	Y	Y	R	V	U	E	T
L	T	X	B	E	R	Q	R	E	C	R	P	V	M	A	F
B	B	T	S	N	O	Q	X	T	N	S	O	K	I	B	R
C	D	A	P	B	C	D	V	Z	N	G	O	A	X	I	V
J	Q	T	L	X	K	Z	M	D	P	E	L	N	D	W	I
F	C	G	I	L	B	H	M	Y	F	K	Y	I	G	Q	U
T	H	E	B	E	A	T	L	E	S	V	N	C	S	S	L
F	I	B	B	Z	N	D	F	W	Q	D	H	M	Q	H	B
H	E	Y	J	U	D	E	R	W	I	W	F	Q	C	E	W
I	K	Y	P	O	P	L	S	V	G	W	Z	I	M	X	X

LENNON   BALLAD   JULIAN
ENGLISH   LYRICAL   HEY JUDE
ROCK BAND   MCCARTNEY   LIVERPOOL
ABBEY ROAD   THE BEATLES   ICONIC SONGS

The Rolling Stones
I Can't Get No (Satisfaction) (1965)

Y	R	X	Y	V	O	X	P	J	M	T	U	P	J	Q	W	V	V
R	H	O	X	W	J	G	H	B	B	D	H	M	K	K	D	B	B
O	E	J	L	R	S	A	T	I	S	F	A	C	T	I	O	N	A
D	D	B	R	L	Q	A	G	P	S	F	X	A	Z	B	H	G	D
M	U	T	E	N	I	C	U	G	C	G	X	N	O	C	C	B
Q	E	N	D	L	L	N	F	R	E	E	K	P	M	L	F	H	O
B	G	R	Q	U	L	R	G	S	U	R	H	K	J	C	R	D	Y
W	X	R	K	J	F	I	J	S	X	Q	J	J	U	P	M	W	S
A	V	L	W	Q	Z	U	O	Y	T	G	O	Z	L	X	O	D	F
P	F	N	M	Y	D	E	Z	U	X	O	V	R	X	W	R	O	O
W	H	H	G	A	M	U	Y	Z	S	E	N	H	U	A	T	R	N
F	N	K	C	S	D	A	P	G	G	D	I	E	H	T	Z	J	S
W	D	L	O	N	D	O	N	D	M	U	Z	C	S	T	J	R	Q
L	X	E	D	P	X	T	E	V	B	B	I	W	B	S	O	H	W
P	I	T	O	D	F	R	U	S	T	R	A	T	I	O	N	R	R
L	E	L	J	B	B	H	C	P	Z	X	V	B	A	W	E	G	Q
V	S	G	O	Z	H	I	F	T	B	B	W	T	C	R	S	X	X
G	P	N	W	N	K	S	M	Q	I	Y	Y	H	L	S	I	T	F

JONES WYMAN WATTS
LONDON JAGGER RICHARDS
BAD BOYS REBELLIOUS FRUSTRATION
FUZZ GUITAR SATISFACTION ROLLING STONES

~ 111 ~

Bob Dylan
Like a Rolling Stone (1965)

C	A	M	I	A	O	B	H	I	A	W	J	U	N	M	C	B
R	C	V	P	R	O	T	E	S	T	N	X	M	A	K	S	F
J	R	O	C	K	M	U	S	I	C	A	V	F	T	L	O	R
G	A	E	S	B	O	B	D	Y	L	A	N	P	Y	E	Q	E
S	N	Y	L	O	P	Z	S	T	O	O	A	Q	M	N	H	E
O	T	C	Y	K	M	N	O	B	E	L	P	R	I	Z	E	D
C	I	J	Q	L	D	C	S	E	T	R	E	T	F	Y	Z	O
I	W	H	Z	M	K	A	A	D	M	S	T	I	O	U	H	M
A	A	J	X	I	Z	K	Z	P	Y	O	D	Q	L	B	V	V
L	R	Z	I	M	M	E	R	M	A	N	J	D	K	V	R	X
C	M	D	C	I	V	I	L	R	I	G	H	T	S	E	I	D
H	B	C	G	H	R	A	W	P	O	W	E	R	C	R	Q	B
A	R	F	G	Y	T	F	N	S	T	R	P	W	E	P	Y	Y
N	Q	U	U	C	T	V	X	S	S	I	H	B	N	A	Q	E
G	B	C	U	L	I	T	T	Y	G	T	H	T	E	L	G	W
E	X	Q	M	U	L	L	Z	M	F	E	L	X	Q	J	O	B
F	G	D	L	V	V	W	N	I	Q	R	H	E	A	S	E	Q

PROTEST   ANTIWAR   FREEDOM
BOB DYLAN   ZIMMERMAN   RAW POWER
FOLK SCENE   SONGWRITER   ROCK MUSIC
NOBEL PRIZE   CIVIL RIGHTS   SOCIAL CHANGE

The Beach Boys
Good Vibrations (1966)

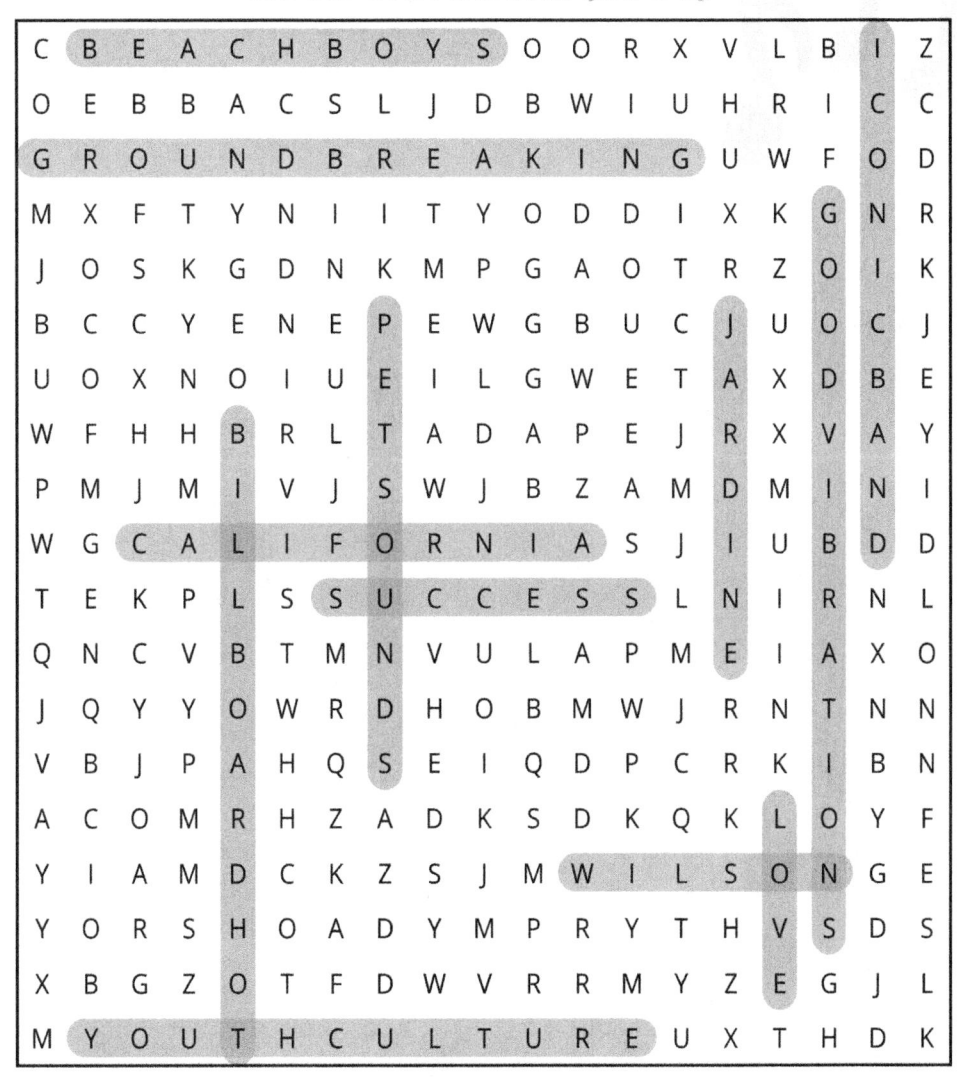

C	B	E	A	C	H	B	O	Y	S	O	O	R	X	V	L	B	I	Z
O	E	B	B	A	C	S	L	J	D	B	W	I	U	H	R	I	C	C
G	R	O	U	N	D	B	R	E	A	K	I	N	G	U	W	F	O	D
M	X	F	T	Y	N	I	I	T	Y	O	D	D	I	X	K	G	N	R
J	O	S	K	G	D	N	K	M	P	G	A	O	T	R	Z	O	I	K
B	C	C	Y	E	N	E	P	E	W	G	B	U	C	J	U	O	C	J
U	O	X	N	O	I	U	E	I	L	G	W	E	T	A	X	D	B	E
W	F	H	H	B	R	L	T	A	D	A	P	E	J	R	X	V	A	Y
P	M	J	M	I	V	J	S	W	J	B	Z	A	M	D	M	I	N	I
W	G	C	A	L	I	F	O	R	N	I	A	S	J	I	U	B	D	D
T	E	K	P	L	S	S	U	C	C	E	S	S	L	N	I	R	N	L
Q	N	C	V	B	T	M	N	V	U	L	A	P	M	E	I	A	X	O
J	Q	Y	Y	O	W	R	D	H	O	B	M	W	J	R	N	T	N	N
V	B	J	P	A	H	Q	S	E	I	Q	D	P	C	R	K	I	B	N
A	C	O	M	R	H	Z	A	D	K	S	D	K	Q	K	L	O	Y	F
Y	I	A	M	D	C	K	Z	S	J	M	W	I	L	S	O	N	G	E
Y	O	R	S	H	O	A	D	Y	M	P	R	Y	T	H	V	S	D	S
X	B	G	Z	O	T	F	D	W	V	R	R	M	Y	Z	E	G	J	L
M	Y	O	U	T	H	C	U	L	T	U	R	E	U	X	T	H	D	K

LOVE
SUCCESS
PET SOUNDS
BILLBOARD HOT

WILSON
BEACH BOYS
ICONIC BAND
GROUNDBREAKING

JARDINE
CALIFORNIA
YOUTH CULTURE
GOOD VIBRATIONS

Aretha Franklin
Respect (1967)

E	J	A	L	P	L	O	A	L	K	V	O	U	W	Y	A
A	X	E	P	O	L	I	T	I	C	A	L	K	H	Q	D
F	Z	N	R	C	M	N	U	N	Q	O	J	C	R	L	F
R	V	I	S	I	E	L	P	V	U	J	T	I	E	N	K
A	H	C	H	V	M	M	H	D	E	C	V	S	S	W	Q
N	X	Q	S	I	P	V	D	P	E	I	T	J	I	V	L
K	A	O	I	L	H	B	K	P	N	O	H	N	L	O	V
L	B	L	C	R	I	A	S	I	O	K	K	E	I	Y	Y
I	I	X	O	I	S	E	L	R	F	F	H	J	E	Q	Q
N	R	C	N	G	R	V	L	L	S	U	L	D	N	F	C
I	N	H	I	H	E	E	K	Y	O	V	L	X	C	P	Y
I	F	Y	C	T	P	C	M	G	U	F	L	C	E	J	F
P	U	G	S	S	R	M	Z	A	L	E	F	U	O	Z	B
J	I	O	O	J	A	P	A	R	E	T	H	A	Y	U	E
B	K	G	N	R	C	A	F	H	N	Z	E	S	M	O	P
B	P	I	G	R	A	Y	W	M	K	I	N	Y	A	E	U

ARETHA GRAMMY RESPECT
MEMPHIS FRANKLIN POLITICAL
RESILIENCE ICONIC SONG GOSPEL ROOTS
HALL OF FAME CIVIL RIGHTS QUEEN OF SOUL

The Beatles
A Hard Day's Night (1964)

P	J	Q	L	G	C	D	D	N	G	G	K	Y	C	B	G	R
N	A	Y	T	K	Q	T	O	J	M	H	P	H	D	D	Y	Y	N
E	F	T	B	E	A	T	L	E	M	A	N	I	A	E	F	U	Z
N	Q	U	P	C	U	K	C	H	A	R	T	V	N	Z	M	C	Y
R	X	W	H	I	R	L	W	I	N	D	Y	T	Z	K	X	P	L
B	K	I	N	V	A	S	I	O	N	D	R	N	B	H	W	O	V
O	I	L	O	N	Z	Z	S	O	W	A	O	N	M	I	D	L	M
K	U	I	P	W	V	I	N	E	C	Y	C	W	V	V	J	S	B
P	J	Y	Q	N	R	N	J	C	B	S	K	A	C	Y	O	X	V
Y	H	L	R	R	E	W	M	B	U	N	G	X	G	S	A	Q	X
T	O	G	A	L	P	K	G	Z	J	B	I	E	L	Z	N	L	F	Y
I	J	H	R	H	Z	O	Q	J	K	G	N	E	T	I	L	G	H
O	D	S	J	O	Z	H	L	O	F	H	R	K	G	F	H	N	Z
Z	C	D	S	H	W	G	V	I	F	T	E	Y	V	G	K	A	V
Z	Y	O	U	T	H	C	U	L	T	U	R	E	Z	U	S	B	P
V	G	Z	W	L	A	A	U	F	I	I	O	R	C	K	J	K	Y
D	X	Q	S	H	Y	R	F	M	B	W	C	S	P	P	U	L	S
Z	P	N	S	Z	L	J	R	N	B	P	B	S	L	G	S	V	T

STARR
HARRISON
MCCARTNEY
BEATLEMANIA
LENNON
INVASION
WHIRLWIND
YOUTH CULTURE
UK CHART
POLITICS
ROCK GENRE
HARD DAYS NIGHT

~ 115 ~

Marvin Gaye
I Heard It Through the Grapevine (1968)

Q	Y	G	E	S	R	O	W	M	W	K	G	W	E	T
B	X	H	G	E	B	A	L	L	A	R	D	S	A	Q
E	G	R	A	P	E	V	I	N	E	R	U	M	V	H
Q	A	N	K	R	L	I	X	C	P	G	V	J	P	H
J	Y	W	H	W	X	V	U	G	R	A	C	I	S	M
M	E	J	A	P	F	D	C	P	I	O	N	A	N	P
F	J	F	Z	S	O	U	L	F	U	L	G	L	P	U
F	A	L	J	R	H	V	F	J	L	J	M	N	L	W
X	Z	T	P	Q	Y	I	E	S	D	A	W	J	K	D
I	O	V	R	S	V	I	N	R	R	O	F	G	Z	T
K	R	N	I	H	C	N	H	G	T	N	R	L	L	T
F	N	V	N	R	Y	R	L	O	T	Y	N	N	P	D
F	Y	Q	C	U	O	T	M	A	W	O	X	Q	D	U
D	A	M	E	Q	Z	R	H	J	V	Z	N	R	S	V
D	Y	D	E	D	Q	J	Q	M	V	G	E	P	D	A

GAYE MARVIN PRINCE
MOTOWN RACISM RHYTHM
POVERTY SOULFUL PRODUCER
BALLARDS GRAPEVINE WASHINGTON

~116~

Jimi Hendrix
Purple Haze (1967)

W	J	C	R	V	I	A	H	H	J	M	V	B	K	X	L
J	G	A	W	O	I	G	E	G	E	B	B	O	F	B	M
E	I	I	R	O	O	V	N	W	A	N	B	L	P	Q	Y
Z	W	M	Q	H	O	I	I	T	N	L	D	L	J	O	R
W	G	M	I	C	R	D	P	D	K	K	B	R	U	S	O
O	E	A	C	U	M	E	S	A	D	R	P	N	I	E	A
S	X	Q	D	R	B	O	Y	T	W	R	S	A	O	X	S
I	P	N	B	I	X	P	C	K	O	K	E	I	X	C	E
I	E	S	W	X	K	V	H	D	L	C	V	A	Y	R	A
A	R	E	P	H	H	L	E	T	F	N	K	M	M	X	T
S	I	A	N	H	I	Q	D	T	U	T	C	B	K	H	T
T	E	B	L	T	L	U	E	V	K	P	A	D	R	S	L
R	N	H	P	U	R	P	L	E	H	A	Z	E	C	R	E
P	C	R	O	C	K	H	I	S	T	O	R	Y	X	E	F
N	E	B	G	U	I	T	A	R	Y	C	N	F	J	W	Z
T	X	I	H	T	I	L	F	N	Y	U	V	M	V	J	R

JIMI	BLUES	GUITAR
HENDRIX	SEATTLE	ENDURING
WOODSTOCK	EXPERIENCE	PURPLE HAZE
PSYCHEDELIA	VIVID DREAM	ROCK HISTORY

The Supremes
Stop! In the Name of Love (1965)

```
M E F G U Y Y L D D T A V T I E K M T F
W I Q M H G R A Q K O I J N U T B Z R L
I O J B A G M I C R O S S O V E R E B O
K N J O B R H O O I Z M U C B D R I A R
P X P T T C Y Y T S R P E P O M D B O E
Z C V Z H C B W U O Y E S Q R H V J Q N
G E J A N I T O I O W R W U Y E W K X C
G J X U P C R C M L A N R E A B M T F E
W L X D O O Q Q H Q S D V P U M C E G B
G P K I M N H B O V G O Q Y J G Q Z S A
Q Y W A F I V G F A L H N H Z U E I Y L
I F L N O C F L Y F V H K U C K A O B L
P G U A C E Y B O U X T G D I I P U F A
H E A R T B R E A K I N G H X O T I I R
I A A O S L M S T O P S Y X R T R L E D
B M Y S D A I Z R L Z X P A Q O K V K T
H J O S N M A T R K V N X C J Q C M Z P
P O H I P W E F C V F Y W P R T E O I T
F U T R Z D P B F Z Y R M O X W K W V T
Q J P W J B Z L S R B Q B D Y O S W Q N
```

STOP MOTOWN ICONIC
DETROIT SUPREMES GLAMOROUS
CROSSOVER DIANA ROSS MARY WILSON
NAME OF LOVE HEARTBREAKING FLORENCE BALLARD

Simon & Garfunkel
The Sound of Silence (1964)

M	Q	U	E	T	K	W	T	D	G	H	J	P	T	P	V	C
G	D	M	B	R	X	M	S	L	W	P	G	I	X	D	X	C
B	H	R	Z	G	V	N	R	I	Y	F	H	S	E	I	I	I
L	U	S	Y	J	T	Y	E	H	V	N	A	G	M	T	S	Y
D	V	R	D	G	X	H	M	W	H	M	R	V	S	S	B	Y
Y	Z	O	H	Y	A	P	E	L	A	W	M	U	L	L	D	K
K	D	B	M	N	G	R	Y	B	P	A	O	F	K	E	G	R
R	D	I	G	F	M	S	F	X	O	C	N	R	N	C	Q	X
C	K	N	C	I	S	D	O	U	A	X	I	N	Y	N	X	B
T	S	S	O	C	I	A	L	U	N	R	E	S	T	D	X	N
G	I	O	F	O	L	J	R	L	N	K	S	R	G	T	Z	T
V	M	N	W	N	E	J	S	Q	T	D	E	H	J	M	Z	X
I	O	O	Y	I	N	X	W	J	T	U	L	Z	S	F	E	
Y	N	D	S	C	C	W	W	J	F	S	R	P	Z	A	B	H
W	F	K	F	B	E	T	O	B	K	K	K	E	N	E	Z	Y
V	A	L	I	E	N	A	T	I	O	N	I	J	G	I	D	H
T	Z	O	M	L	K	Q	O	C	Y	O	F	X	Q	D	A	X

SIMON SOUND ICONIC
SILENCE KENNEDY ACOUSTIC
GARFUNKEL HARMONIES THE BOXER
ALIENATION MRS ROBINSON SOCIAL UNREST

~ 119 ~

The Who
My Generation (1965)

T	P	R	O	D	U	C	E	R	I	E	X	N	D	W	Q	T	A	P
T	B	P	P	Z	U	N	W	I	O	T	C	V	Y	Z	Y	P	Z	Z
R	P	I	F	L	F	C	Y	Q	A	H	K	P	Y	W	Q	K	Q	P
E	L	E	E	A	Q	K	E	S	O	U	L	P	P	A	N	J	W	B
Q	N	F	H	R	C	I	T	Q	F	V	Q	H	Y	I	G	I	G	E
J	U	J	L	E	Y	J	A	H	G	N	A	P	B	N	C	B	A	A
V	W	K	M	T	W	P	I	B	Z	Y	X	C	A	T	E	U	S	Z
N	U	N	Y	H	K	R	B	I	L	L	B	O	A	R	D	D	B	W
A	P	M	B	A	L	U	D	V	R	U	W	O	L	O	V	N	M	D
J	P	J	K	F	T	K	D	D	C	W	B	T	Y	S	W	L	P	I
H	L	Q	R	R	X	Y	Y	U	R	W	A	I	D	P	D	N	R	M
R	A	K	R	A	E	X	O	D	O	J	A	S	L	E	T	Z	O	P
M	N	C	N	N	E	S	O	S	T	A	X	R	E	C	O	R	D	S
R	E	B	X	K	V	V	X	O	G	K	D	E	T	T	V	E	U	Y
J	C	T	N	L	S	Z	B	I	L	Y	A	D	G	I	U	H	C	Q
M	R	R	M	I	T	O	K	J	U	G	W	D	F	V	R	D	E	Z
O	A	U	Y	N	V	N	N	E	Q	F	S	I	E	E	G	C	R	L
S	S	I	G	N	A	T	U	R	E	S	O	N	G	O	R	X	Q	K
D	H	D	R	A	I	V	G	T	Q	A	N	G	E	O	R	G	I	A

SOUL   DAWSON   GEORGIA
PRODUCER   PRODUCER   BILLBOARD
PLANE CRASH   OTIS REDDING   STAX RECORDS
INTROSPECTIVE   SIGNATURE SONG   ARETHA FRANKLIN

Otis Redding
(Sittin' On) The Dock of the Bay (1968)

E	I	L	M	H	K	Z	T	V	F	A	Y	V	L	Q	L	P	A	K
D	N	B	D	Z	Z	R	W	S	W	O	Y	D	U	H	H	Q	A	N
A	T	P	P	B	M	I	V	G	O	M	Q	Q	N	M	M	G	O	Q
W	R	V	N	D	Z	R	W	G	R	H	K	U	S	D	N	A	I	L
S	O	E	X	L	O	E	V	G	O	G	G	D	R	O	P	P	W	G
O	S	D	T	M	P	L	A	N	E	C	R	A	S	H	R	R	I	T
N	P	O	S	H	L	X	W	L	R	O	O	E	P	V	O	O	E	K
J	E	T	U	U	A	O	V	I	C	B	R	T	Q	P	D	D	E	D
G	C	C	L	U	F	Z	E	L	U	C	G	T	R	U	U	O	L
E	T	F	R	V	A	W	R	L	T	S	V	H	I	E	C	C	C	D
V	I	E	C	I	L	X	I	A	J	V	X	I	H	A	E	E	R	T
Z	V	M	M	C	A	B	N	E	N	X	L	H	O	A	R	R	E	D
V	E	T	O	T	O	G	M	T	T	K	S	I	P	Z	O	E	X	Q
C	W	T	S	F	I	C	G	H	R	Q	L	A	F	C	N	X	U	Y
Z	L	T	V	S	R	L	J	H	X	N	R	O	I	P	A	U	G	G
G	K	C	X	O	T	I	S	R	E	D	D	I	N	G	D	Q	P	Q
A	O	P	N	T	O	E	E	O	O	P	C	R	E	Z	K	F	G	S
Q	V	Q	R	U	J	F	L	F	F	W	D	A	K	X	B	P	Q	F
D	K	K	Z	X	T	R	C	G	D	Y	U	N	N	A	N	L	B	O

SOUL — DAWSON — GEORGIA
PRODUCER — PRODUCER — BILLBOARD
PLANE CRASH — OTIS REDDING — STAX RECORDS
INTROSPECTIVE — SIGNATURE SONG — ARETHA FRANKLON

The Kinks
You Really Got Me (1964)

PUNK
DAVIES
BREAKOUT
BRITISH BAND

AVORY
QUAIFE
THE KINKS
ALTERNATIVE MUSIC

LONDON
INVASION
GARAGE ROCK
YOU REALLY GOT ME

The Beatles
Yesterday (1965)

L	N	C	T	Z	J	Q	M	H	N	C	Z	J	X	J	F	M	L
Q	F	B	I	L	L	B	O	A	R	D	T	O	P	N	S	U	Y
N	K	B	T	E	S	K	T	X	B	Q	K	G	V	U	T	S	B
K	E	Y	E	S	T	E	R	D	A	Y	R	H	G	W	R	I	I
U	O	S	N	L	C	O	G	H	O	O	F	B	I	U	I	C	C
J	R	L	G	O	A	R	F	X	I	L	O	N	D	O	N	A	W
I	O	H	L	H	Q	P	A	M	C	H	L	N	G	W	G	L	M
Q	C	W	A	J	F	F	W	M	B	B	R	H	V	Y	Q	S	S
X	K	F	N	N	K	V	X	U	B	U	E	L	F	G	U	T	O
M	S	H	D	B	R	P	U	W	Q	L	G	A	O	V	A	Y	L
S	T	D	M	G	H	E	D	L	O	H	E	E	T	D	R	L	I
U	Y	V	A	R	E	L	U	S	E	C	R	D	E	L	T	E	Z
G	L	P	A	U	L	M	C	C	A	R	T	N	E	Y	E	C	C
Z	E	E	D	E	P	I	M	Y	D	W	M	U	P	G	T	S	S
O	K	E	K	K	R	X	Q	X	H	K	J	S	F	G	G	Z	R
Y	J	N	F	Y	R	T	J	G	R	H	T	Z	S	M	J	S	G
C	J	L	L	E	D	A	F	Y	X	Q	D	B	T	K	M	B	L
O	P	C	D	V	P	Z	K	I	K	A	W	M	W	Z	Z	S	P

HELP　　　　　　LONDON　　　　　　LYRICS
BEATLES　　　　ENGLAND　　　　　YESTERDAY
ROCK STYLE　　BILLBOARD TOP　　MUSICAL STYLE
PAUL MCCARTNEY　SCRAMBLED EGGS　STRING QUARTET

~ 123 ~

The Doors
Light My Fire (1967)

X	I	F	J	L	C	B	J	L	A	Y	D	Y	Q	I	V	L	I
A	I	R	Y	W	P	F	D	E	Z	K	D	V	N	S	Q	S	Q
O	T	L	U	S	K	D	E	G	K	W	O	P	D	N	Q	X	F
O	R	U	N	R	U	V	N	A	V	Z	P	L	F	K	D	K	E
A	A	V	U	A	J	G	S	C	G	X	D	M	K	O	D	R	B
J	G	L	I	G	H	T	M	Y	F	I	R	E	X	M	C	I	T
L	I	H	J	S	P	W	O	D	D	B	B	Z	B	L	U	E	S
R	C	K	F	U	M	O	R	I	Q	X	P	I	K	Z	Z	G	G
T	D	D	W	L	H	M	E	C	K	R	A	E	S	H	Z	E	K
A	E	S	U	T	O	A	Q	O	Z	Q	S	Z	M	L	E	R	U
M	A	E	K	R	P	U	D	N	T	H	E	D	O	O	R	S	E
B	T	A	M	Y	K	F	T	I	K	Z	D	L	T	O	G	S	R
F	H	W	H	V	S	I	E	C	A	M	S	D	B	A	U	P	R
J	I	M	M	O	R	R	I	S	O	N	G	G	H	X	C	S	O
X	G	D	K	C	M	O	V	O	T	Z	U	Y	A	E	K	O	Q
M	A	N	Z	A	R	E	K	N	N	G	Q	C	S	R	S	U	X
D	X	B	I	L	S	A	X	G	M	I	Z	N	R	S	E	O	T
U	F	V	V	S	T	A	G	E	P	R	E	S	E	N	C	E	R

BLUES   LEGACY   KRIEGER
MANZAREK   DENSMORE   THE DOORS
ICONIC SONG   JIM MORRISON   TRAGIC DEATH
LIGHT MY FIRE   SULTRY VOCALS   STAGE PRESENCE

~ 124 ~

The Temptations
My Girl (1964)

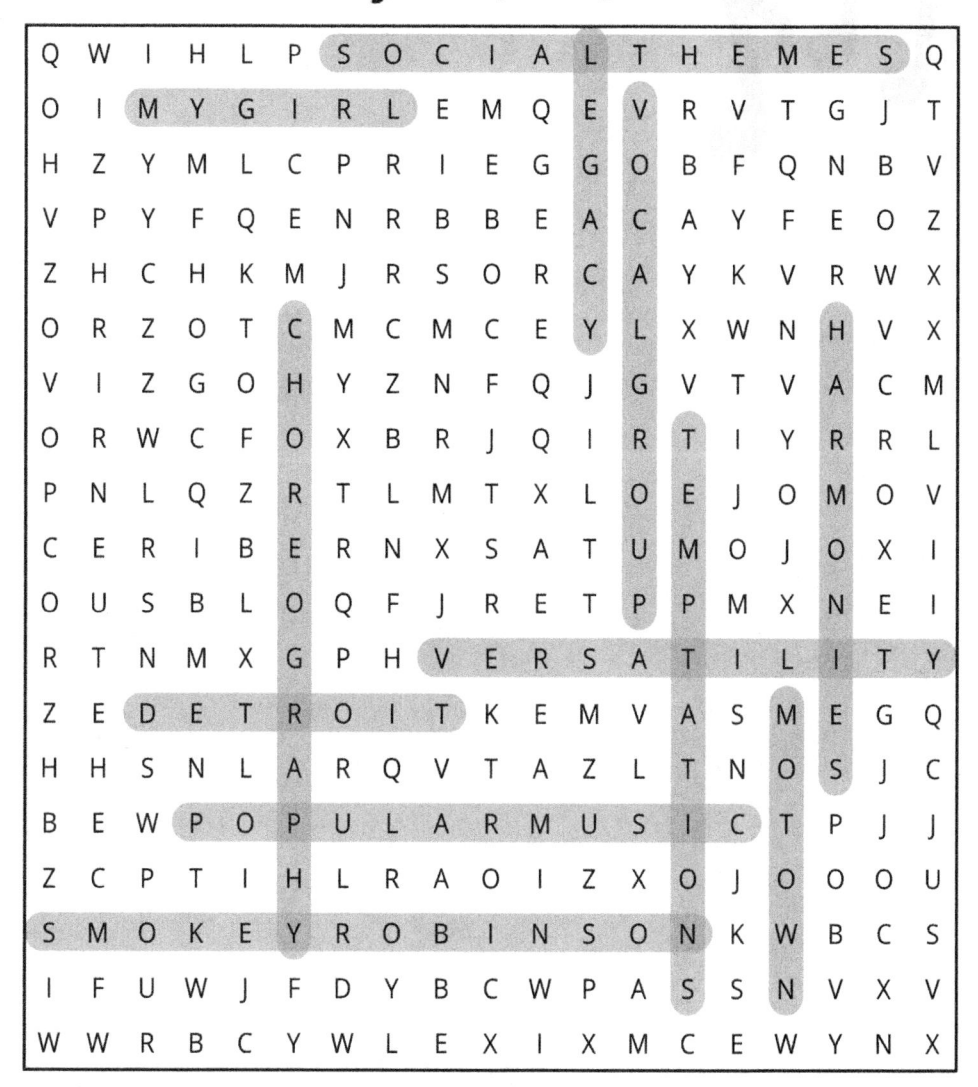

```
Q W I H L P S O C I A L T H E M E S Q
O I M Y G I R L E M Q E V R V T G J T
H Z Y M L C P R I E G G O B F Q N B V
V P Y F Q E N R B B E A C A Y F E O Z
Z H C H K M J R S O R C A Y K V R W X
O R Z O T C M C M C E Y L X W N H V X
V I Z G O H Y Z N F Q J G V T V A C M
O R W C F O X B R J Q I R T I Y R R L
P N L Q Z R T L M T X L O E J O M O V
C E R I B E R N X S A T U M O J O X I
O U S B L O Q F J R E T P P M X N E I
R T N M X G P H V E R S A T I L I T Y
Z E D E T R O I T K E M V A S M E G Q
H H S N L A R Q V T A Z L T N O S J C
B E W P O P U L A R M U S I C T P J J
Z C P T I H L R A O I Z X O J O O O U
S M O K E Y R O B I N S O N K W B C S
I F U W J F D Y B C W P A S S N V X V
W W R B C Y W L E X I X M C E W Y N X
```

MOTOWN
MY GIRL
VOCAL GROUP
SOCIAL THEMES
LEGACY
HARMONIES
VERSATILITY
POPULAR MUSIC
DETROIT
TEMPTATIONS
CHOREOGRAPHY
SMOKEY ROBINSON

The Mams & The Papas
California Dreamin' (1965)

T	C	T	F	Z	R	B	V	T	R	Z	C	O	K	L	Y	P	S	T
K	U	T	F	Q	R	D	D	E	N	Y	S	A	C	V	U	Y	O	E
U	C	I	Y	S	O	L	P	Y	U	M	L	A	V	M	A	M	S	N
R	K	K	M	A	M	A	S	A	N	D	P	A	P	A	S	U	V	C
Q	F	E	Y	G	H	S	M	V	B	L	H	Z	U	I	P	F	P	O
X	O	M	K	H	G	T	P	P	H	E	S	I	L	G	I	P	V	U
A	L	V	C	A	L	I	F	O	R	N	I	A	N	I	Z	S	O	N
J	K	G	Z	R	V	N	M	J	O	V	E	O	Q	D	F	L	Y	T
M	F	S	N	M	U	G	I	G	D	D	S	X	J	F	O	Y	Z	E
D	O	E	W	O	A	L	E	W	I	C	E	D	L	S	G	L	N	R
G	C	G	P	N	F	E	U	D	I	I	N	T	E	J	W	A	F	C
D	K	J	Z	I	H	G	R	N	L	O	P	T	I	M	I	S	M	U
K	X	A	T	E	V	A	O	W	T	M	U	Y	W	X	T	A	G	L
J	I	D	Z	S	O	C	D	Z	F	L	E	F	W	Q	L	G	J	T
R	C	X	I	B	I	Y	A	S	F	N	N	B	M	X	Y	M	C	U
K	X	V	L	V	Y	G	J	J	X	V	R	F	Q	U	X	T	U	R
M	R	L	M	U	M	C	H	K	U	Z	C	X	U	W	R	T	Y	E
Y	I	U	K	W	O	C	W	W	J	K	B	T	I	S	U	V	A	O
B	F	E	U	W	N	D	R	E	A	M	I	N	C	J	F	A	A	J

DREAMIN   OPTIMISM   IDEALISM
HARMONIES   FOLK FOCK   BILLBOARD
CALIFORNIA   FLUTE SOLO   ICONIC SONG
COUNTERCULTURE LASTING LEGACY MAMAS AND PAPAS

The Rolling Stones
Paint it Black (1966)

Y	U	X	K	S	Y	B	S	C	R	C	K	Z	E	T	F	L	W
O	V	I	K	I	G	Q	D	E	H	Q	Y	Q	H	I	K	S	X
C	H	A	R	L	I	E	W	A	T	T	S	S	V	E	O	X	Z
H	R	R	O	C	K	S	O	U	N	D	I	F	T	F	H	Q	Z
A	K	D	L	M	J	O	N	V	Z	L	A	E	M	W	R	K	N
R	B	E	L	U	B	J	C	Z	G	P	Y	D	Q	E	K	B	V
I	B	R	I	A	N	J	O	N	E	S	W	F	G	C	V	G	G
S	I	C	N	T	R	C	E	M	U	U	J	G	A	L	C	P	L
M	L	X	G	U	H	A	R	H	V	T	A	L	B	A	B	E	I
A	L	O	S	C	U	R	T	J	J	J	B	L	R	U	W	P	W
T	W	Y	T	V	V	Y	A	I	S	K	T	V	E	R	R	O	K	O
I	Y	I	O	J	M	G	O	C	I	S	C	I	O	S	B	E	S
C	M	E	N	R	G	T	I	T	H	U	G	T	U	C	W	H	R
Q	A	K	E	X	F	M	N	D	I	A	E	Z	T	K	T	T	H
Q	N	T	S	Q	L	I	Z	C	Z	N	R	Q	M	X	E	J	A
L	F	S	E	Z	A	F	T	T	I	O	T	D	D	D	X	L	W
A	R	W	J	P	C	D	A	R	K	N	E	S	S	E	Q	A	Z
K	X	B	H	O	A	M	U	T	F	R	Z	A	R	H	R	W	H

ENGLISH   DARKNESS   AFTERMATH
BILL WYMAN   ROCK SOUND   MICK JAGGER
BRIAN JONES   CHARISMATIC   CHARLIE WATTS
ROLLING STONES   KEITH RICHARDS   PAINT IT BLACK

Sam Cooke
A Change Is Gonna Come (1964)

N	P	Y	H	R	F	E	J	T	W	Q	E	P	P	F	W
C	H	A	N	G	E	N	Q	D	U	D	Y	B	H	D	L
X	Z	H	C	R	O	S	Z	L	C	T	Y	C	F	Y	V
B	I	R	L	K	X	S	I	J	I	U	M	L	J	G	W
Y	C	T	A	W	O	I	P	L	V	J	B	L	I	O	I
B	O	N	R	C	Y	E	A	E	I	S	W	P	H	N	H
E	O	U	K	D	U	U	N	L	L	E	R	J	P	N	C
F	J	B	S	I	Q	P	N	S	R	V	N	S	N	A	G
Z	X	J	D	E	N	Y	I	G	I	Q	O	C	E	C	D
U	K	L	A	Y	N	G	I	D	G	B	P	I	E	O	E
Z	C	Z	L	B	L	D	O	P	H	M	V	N	C	M	M
E	X	A	E	Z	J	A	M	F	T	J	M	E	X	E	A
C	V	Q	Y	T	X	Y	N	E	S	Q	C	S	F	A	M
R	O	M	E	M	D	E	T	P	A	O	F	I	D	A	M
P	S	A	M	C	O	O	K	E	G	H	U	N	F	S	U
O	V	N	Y	C	O	S	D	F	I	L	O	L	B	H	J

CUPID	CHANGE	EQUALITY
SAM COOKE	BOB DYLAN	GONNA COME
CLARKSDALE	RESILIENCE	YOU SEND ME
KING OF SOUL	GOSPEL VOICE	CIVIL RIGHTS

Elvis Presley
Suspicious Minds (1969)

```
Q G O L X A E I M Q H H Y E I A S L E J
C J B B Q Z W P Z N N K O L K Z R I U
S S M J R D A C W A J I E M D P Y M S S
Q L E U O F N O U Q B N V H D E Z L P Y
V Y C H A R I S M A W G Z M L E F J S P
H F M O E J T Q Y S Z O N S U P R J P Y
Y R Z U U A I N I D P F E J B F Z K D A
F T S N J I R S U P E R S T A R N J I J
E I N D M L V T F S P O H D W T M S K T
W J T D I H U G B S B C V V Y U Q K B K
T B P O L O S T I R U K A Q W S X L D
A E H G Z U Q V R N E S E Y S E G N C Y
F C H H O S L S M I T A P S R L I V S B
V R D A D E R Y Q E Z Q K I Q O Q R K S
B V U N T R Y W H W M E Y H C B I S D U
Q P I D K O K Q V U P P P G O I K R V Z
Q M U N L C K U Z K U Z H R T T O P Q I
D G J Y W K N G A Q Z S E I Y E E U R F
W N C U L T U R A L I C O N S V M L S C
H Y U R A T U L R R G L A C B T Q U O G
```

MINDS	TUPELO	MEMPHIS
CHARISMA	HOUND DOG	SUPERSTAR
SUSPICIOUS	KING OF ROCK	ELVIS PRESLEY
CULTURAL ICONS	JAILHOUSE ROCK	HEARTBREAK HOTEL

The Righteous Brothers
Unchained Melody (1965)

```
R  M  R  D  M  C  N  I  P  C  J  Z  L  U  S  R  S
T  E  E  L  W  H  P  J  X  I  Z  U  J  A  W  I  Q
A  D  D  T  I  P  U  N  C  H  A  I  N  E  D  G  A
B  L  U  E  E  Y  E  D  S  O  U  L  F  M  T  H  Q
U  E  O  R  K  R  M  V  K  F  A  S  B  S  R  T  Y
L  Y  M  V  Y  L  N  Z  C  O  B  Z  O  I  Q  E  D
K  V  Y  U  I  C  J  A  B  Y  F  H  J  O  A  O  O
A  G  Q  A  Z  N  S  G  L  T  G  M  K  J  Q  U  U
I  A  Y  I  O  L  F  O  M  L  K  C  E  M  D  S  U
Y  P  B  R  O  T  H  E  R  S  O  I  J  L  O  Z  P
Q  F  X  E  X  X  J  P  E  J  I  V  A  H  S  N  R
L  T  U  W  O  N  L  Y  L  L  T  C  E  J  I  T  S
U  I  J  R  R  A  D  I  O  H  I  S  T  O  R  Y  U
K  Q  A  P  R  O  H  C  V  S  D  N  E  S  M  A  H
N  A  Q  U  L  V  A  P  U  M  K  G  G  D  D  O  D
U  J  E  E  M  P  I  M  W  I  U  B  S  Z  G  B  H
K  Y  M  H  A  T  F  I  E  L  D  I  H  M  W  Q  Q
```

GHOST	MELODY	MEDLEY
BROTHERS	HATFIELD	RIGHTEOUS
UNCHAINED	MUSICAL DUO	ETERNAL LOVE
LOVIN FEELING	RADIO HISTORY	BLUE EYED SOUL

The Four Tops
Reach Out I'll Be There (1966)

G	M	I	V	E	P	O	P	U	L	A	R	M	U	S	I	C	G	I
I	Z	E	B	G	P	M	K	N	N	X	J	E	O	I	Y	X	O	M
G	P	J	M	P	L	J	H	W	W	B	B	C	Y	U	H	Y	S	M
N	T	J	L	O	O	O	O	W	Y	P	G	H	O	L	C	B	P	Q
O	N	I	A	B	R	T	K	S	K	Z	Q	L	V	G	E	D	E	G
B	I	L	L	B	O	A	R	D	E	I	Z	Z	M	A	B	E	L	D
S	G	S	Q	M	W	E	B	M	S	F	G	Z	U	S	O	F	L	H
O	S	J	A	V	U	K	O	L	L	E	G	A	E	O	L	I	I	B
U	P	Q	Q	Y	V	U	A	A	E	Z	G	I	A	U	Q	N	K	W
L	T	Y	Z	T	M	Y	J	H	S	H	N	W	H	M	I	I	E	F
F	F	N	G	F	I	A	J	P	E	O	I	S	T	O	V	N	R	O
U	H	C	L	Q	F	K	N	I	M	K	P	T	E	C	Z	G	I	A
L	D	U	J	L	I	M	O	R	D	O	R	C	S	M	B	M	L	L
V	O	C	A	L	Q	U	A	R	T	E	T	N	T	Q	H	O	L	O
O	R	U	S	I	G	H	P	R	A	A	T	E	F	C	B	M	X	O
I	G	P	H	I	O	P	U	Q	V	I	A	R	H	J	A	E	W	R
C	R	E	A	C	H	O	U	T	J	K	R	N	O	Q	E	N	O	D
E	J	V	O	L	F	V	I	G	Q	H	I	F	J	I	A	T	J	B
U	C	R	S	E	G	B	H	F	D	O	G	A	G	J	T	L	Z	E

MOTOWN DETROIT FOUR TOPS
REACH OUT HARMONIES BILLBOARD
GOSPEL LIKE VOCAL QUARTET SOULFUL VOICE
POPULAR MUSIC MEMORABLE HITS DEFINING MOMENT

~ 131 ~

Dusty Springfield
Son of a Preacher Man (1968)

```
B U J W K D S O U L F U L L T B D J Q
G T L Y Y X C I S T P N A P L T A Q D
F P F B I P H U B Z R L J E C E X O G
S E I M O D K S A B E T Z U I R C V T
T P W Q K H M S W R A S F L M E B Q F
E Z O K R D S R P I C P V P F K P Q J
P Q S Q X J L O O T H E S G B K U I M
R C S P R I N G F I E L D O O P E E Z
P H A X P B W V D S R P J L P U Y M Q
R T Y S B I J U M H M P F W B L O J W
F Y Y V N L K P U A A F X R R P V K A
U T O D D L D E N A N G H R V F D Q L
V Y U Z H B M Z Q J L U Y H H I U J W
G Y L M M O T O W N L K L G P C S W N
L O O B M A M T B E R N A D E T T E S
H W V P I R B E W I T H Y O U I Y Z X
X U E A M D U P D T W A Y Z J O E F J
E N M W E A L B L A K S P G F N Q Z Q
A R E T H A F R A N K L I N Q W Z M F
```

DUSTY	MOTOWN	BRITISH
SOULFUL	BILLBOARD	BERNADETTE
SPRINGFIELD	BE WITH YOU	PREACHER MAN
PULP FICTION	SAY YOU LOVE ME	ARETHA FRANKLIN

The Zombies
Time of the Season (1968)

N	N	F	Y	X	G	Q	W	I	V	P	A	Q	X	F	I	Z
A	J	H	Q	A	T	K	I	N	S	O	N	I	C	N	M	G
R	A	X	S	X	V	I	H	Z	O	M	B	I	E	S	X	C
G	L	D	Q	H	C	R	J	H	R	Q	D	M	D	M	B	Z
E	Z	M	Q	B	E	I	K	M	A	F	E	J	N	V	Z	A
N	C	T	J	M	C	S	G	B	L	U	N	S	T	O	N	E
T	W	X	E	E	L	D	N	X	L	S	G	X	D	U	M	I
Q	U	T	S	L	L	N	K	O	E	W	L	X	C	H	H	G
K	R	D	E	O	L	Y	W	K	T	R	I	M	J	X	U	B
I	O	Y	U	D	F	H	V	Q	T	T	S	T	O	R	I	W
K	B	D	O	I	R	W	E	I	G	R	H	O	Z	H	Q	Q
S	K	D	E	E	D	G	C	R	K	S	B	E	G	Q	F	R
J	S	U	C	S	E	A	S	O	N	H	A	A	R	P	D	I
R	Q	D	A	T	S	Z	H	G	R	O	N	K	U	E	J	P
R	S	Z	I	W	O	E	A	A	M	D	D	U	N	O	R	C
B	L	H	I	A	Q	A	Y	F	G	W	T	F	D	M	Y	S
L	W	O	J	C	V	A	R	Q	U	Z	V	K	Y	W	H	G

WHITE	SEASON	ARGENT
GRUNDY	ZOMBIES	ODESSEY
MELODIES	ATKINSON	BLUNSTONE
TELL HER NO	ENGLISH BAND	SHES NOT THERE

Jefferson Airplane
Somebody to Love (1967)

S	A	I	I	B	E	Y	T	N	Q	T	U	F	O	D	D	Q	Z	H
F	Z	U	G	R	A	C	E	S	L	I	C	K	R	B	M	U	S	R
Z	F	H	Y	Y	L	Q	K	O	V	D	W	V	R	P	W	N	R	L
W	U	X	G	A	N	I	W	M	L	X	H	R	G	X	Y	T	Y	S
O	T	P	I	J	I	O	A	E	I	J	I	T	D	K	X	F	N	U
O	G	J	E	B	K	P	I	B	T	J	T	X	M	R	J	Q	Y	F
D	K	T	D	G	M	S	R	O	U	N	E	W	G	G	U	P	L	O
S	I	Y	R	C	A	Y	P	D	V	Q	R	F	F	I	L	T	G	L
T	U	V	A	M	R	C	L	Y	Q	J	A	T	F	I	C	T	F	K
O	N	R	O	C	T	H	A	T	C	K	B	S	W	E	B	N	O	R
C	B	N	R	Z	Y	E	N	O	R	F	B	R	G	D	R	R	C	O
K	Z	N	W	E	B	D	E	L	O	H	I	O	R	U	B	S	C	C
M	A	J	C	W	A	E	J	O	R	E	T	Q	N	N	Q	X	O	K
S	D	R	I	X	L	L	Q	V	I	X	Q	R	A	Q	J	P	X	N
W	E	I	P	T	I	I	I	E	G	F	T	E	J	P	N	N	M	I
U	S	T	Y	E	N	C	A	S	F	K	H	Q	X	P	A	X	C	M
N	M	A	L	T	A	M	O	N	T	G	R	J	B	K	X	S	Q	A
T	F	S	A	N	F	R	A	N	C	I	S	C	O	I	X	Z	F	C
A	T	F	S	X	A	L	C	B	E	E	C	N	G	L	X	A	Z	G

AIRPLANE   ALTAMONT   JEFFERSON
WOODSTOCK   FOLK ROCK   PSYCHEDELIC
GRACE SLICK   MARTY BALIN   WHITE RABBIT
SURREALISTIC   SAN FRANCISCO   SOMEBODY TO LOVE

The Beatles
A Day in the Life (1967)

```
Q X H I C N L L K I M E N Y X Z O C E W
V M L A B F A O X M H A R R I S O N N C
I R C E R Y C J N Q Q M E U W Q H C R N
K U M P X D W A F E R G W C V V R X C S
B V N B K P D A D E L M U Y P R E F N L
Y E C R A Z E A A I M Y G R A M M Y E E
C Z A I E E A R Y N O B H T G C M D G N
D S M T M X H W I S B G S E C C Y J G N
W H O I L X B S N M N P N J A A T E O
G C Y S E E T G T B E I X Y V R Z I X N
T O E H J N S C H X A N G L E T T G Q Q
L H J I I J Z D H E J S X T H X N S S T Y
B Z U N Z H M P L Y J E Z A T E H J Q Z
Q P C V B A J T I C V R L W L Y Z F G M
F N P A W G A P F T Y Q E R U D G E H Y
X D A S E A B B E Y R O A D I C N G R C
B V V I Q W F G E C Q O F X M G C G A Q
Z Y S O Q X X A X D D F B T W N B D V Q
Q N S N B Z E E F T S B Y E M Q W R A O
K X F Z L I S D N B B O Y J M N I I P S
```

STARR	LENNON	GRAMMY
BEATLES	HARRISON	MCCARTNEY
ABBEY ROAD	EXPERIMENTAL	LONELY HEARTS
DAY IN THE LIFE	HARD DAYS NIGHT	BRITISH INVASION

Procol Harum
A Whiter Shade of Pale (1967)

I	V	O	X	P	R	O	G	R	E	S	S	I	V	E	I	X	W
B	V	G	A	R	Y	B	R	O	O	K	E	R	F	U	D	C	R
M	B	Z	S	X	X	J	F	Z	O	V	G	J	H	D	I	G	Z
I	A	K	G	W	Y	B	H	K	Y	L	F	H	R	X	H	G	Z
S	R	B	W	D	H	V	L	K	E	I	T	H	R	E	I	D	G
I	O	F	J	O	H	A	N	N	B	A	C	H	A	R	U	M	X
G	Q	R	J	G	N	Q	U	W	M	Z	D	R	O	B	Z	Y	M
N	U	A	E	A	N	W	D	B	W	S	K	Q	G	Z	B	E	U
A	E	B	A	T	I	Q	U	X	H	C	Z	Y	K	P	B	O	V
T	P	R	B	H	P	Z	P	S	I	B	Q	T	B	U	Y	C	M
U	O	I	N	F	L	U	E	N	T	I	A	L	W	C	W	M	S
R	P	T	G	U	S	U	M	M	E	R	O	F	L	O	V	E	Q
E	G	I	P	R	O	C	O	L	R	Y	R	C	E	L	X	Z	B
S	I	S	W	W	A	V	T	P	S	D	Z	N	M	O	G	K	G
O	E	H	Y	D	L	I	W	H	H	T	E	D	O	U	K	Y	V
N	D	X	R	P	V	S	Y	V	A	G	J	O	O	T	O	O	T
G	A	X	Q	S	A	T	X	T	D	V	V	E	G	T	Y	S	B
X	H	V	C	M	J	X	K	S	E	G	N	N	G	M	W	S	G

HARUM
KEITH REID
INFLUENTIAL
GARY BROOKER

PROCOL
BAROQUE POP
JOHANN BACH
SIGNATURE SONG

BRITISH
PROGRESSIVE
WHITER SHADE
SUMMER OF LOVE

Ben E. King
Stand By Me (1961)

I	R	Q	U	L	J	V	O	R	E	E	X	O	J	L	Z	V	X	Z	T	A	Z
S	E	J	E	H	N	H	E	S	V	G	E	Q	M	Q	R	S	D	S	F	Z	B
Y	Y	T	R	A	T	J	S	W	G	R	V	T	C	V	D	M	Q	I	R	L	B
F	B	B	S	T	D	L	A	S	T	D	A	N	C	E	F	O	R	M	E	O	E
L	U	U	N	S	V	I	I	D	L	M	H	J	J	I	C	O	N	I	C	T	T
I	U	C	I	T	J	L	H	B	H	T	D	V	W	Z	X	T	I	P	K	U	M
B	H	H	D	I	C	V	O	E	V	W	J	H	W	M	R	H	C	V	D	K	B
R	I	H	L	B	E	E	V	N	G	I	S	L	S	X	O	V	Q	O	Q	V	L
A	N	K	I	P	L	F	M	J	I	N	T	T	I	A	S	O	U	L	F	U	L
R	Y	L	F	T	Q	G	N	A	T	K	A	O	X	H	H	I	R	J	F	C	H
Y	R	W	O	N	X	O	Z	M	H	B	N	S	T	T	Y	C	O	H	J	X	Q
O	H	V	O	D	K	F	R	I	E	N	D	S	H	I	P	E	J	G	H	U	W
F	K	K	U	S	Q	Q	Z	N	D	F	B	E	Q	C	U	F	B	N	Q	F	C
C	D	E	O	E	Y	T	F	A	R	M	Y	P	P	W	C	N	P	T	M	B	J
O	S	H	F	U	Q	C	K	F	I	Y	M	W	V	I	K	N	I	X	J	R	P
N	R	X	A	U	W	J	J	X	F	B	E	N	E	K	I	N	G	X	Q	J	D
G	E	S	I	L	B	T	K	K	T	A	W	O	Y	R	Y	P	P	R	T	N	B
R	X	U	Y	H	J	E	V	P	E	B	J	Z	H	O	V	W	V	M	N	O	F
E	H	A	L	W	N	H	Y	X	R	Y	E	G	M	G	R	Y	D	F	Q	L	H
S	G	N	C	V	W	N	P	F	S	S	B	K	N	N	M	Z	U	M	Q	G	M
S	C	P	W	O	X	P	S	G	H	B	A	S	S	L	I	N	E	W	E	E	P
S	B	D	T	P	W	Q	A	M	S	C	P	N	K	X	K	X	O	R	C	M	Q

ICONIC — MY BABY — SOULFUL
BENJAMIN — BASSLINE — BEN E KING
FRIENDSHIP — STAND BY ME — SMOOTH VOICE
THE DRIFTERS — LAST DANCE FOR ME — LIBRARY OF CONGRESS

Stevie Wonder
For Once In My Life (1968)

N	V	O	A	E	I	N	F	L	U	E	N	T	I	A	L	I	M
T	P	C	S	T	E	V	I	E	W	O	N	D	E	R	B	J	O
F	E	Z	T	Z	N	Y	R	E	H	N	D	G	U	G	S	N	T
K	B	H	E	D	I	K	F	Z	W	C	D	M	F	H	H	V	O
R	L	V	V	C	G	G	V	J	T	E	I	A	P	G	P	V	W
D	I	V	E	U	P	L	I	F	T	I	N	G	E	E	X	C	N
E	N	V	L	Z	N	K	S	X	N	N	X	H	C	D	J	L	R
K	D	L	A	H	T	M	D	V	H	M	N	V	M	D	B	A	E
U	X	J	N	R	G	R	A	M	M	Y	A	W	A	R	D	S	C
I	C	M	D	B	E	H	H	N	Q	L	E	I	T	I	K	S	O
P	R	O	D	U	C	E	R	K	H	I	T	R	M	Q	T	I	R
Z	S	U	F	V	X	X	D	P	W	F	W	W	V	E	B	C	D
D	G	R	W	C	C	W	N	I	H	E	R	M	F	Z	V	H	S
I	P	O	V	M	F	K	V	E	E	K	G	Q	G	F	U	I	I
N	S	R	I	C	O	N	I	C	O	G	Y	H	D	Y	C	T	S
L	W	T	V	Q	K	S	U	V	O	Q	M	D	W	U	S	J	D
T	F	J	U	D	K	I	N	S	G	G	W	M	J	J	B	A	V
O	W	W	A	N	O	O	Z	D	D	Y	A	N	R	I	N	O	Q

BLIND ICONIC JUDKINS
PRODUCER STEVELAND UPLIFTING
INFLUENTIAL CLASSIC HIT STEVIE WONDER
GRAMMY AWARDS MOTOWN RECORDS ONCE IN MY LIFE

~ 138 ~

The Byrds
Turn! Turn! Turn! (1965)

S	Z	T	P	X	W	Q	W	M	A	S	V	L	O	E	F	M	W	R
E	I	E	J	V	P	G	G	N	H	L	I	R	G	L	H	I	B	M
F	S	Z	Q	W	M	I	C	P	U	X	R	K	B	E	F	D	T	W
H	O	U	S	E	E	Z	O	V	Z	T	Q	R	P	J	U	H	N	F
I	T	T	V	A	W	C	U	N	A	Y	E	A	M	T	J	A	S	M
G	E	T	L	O	S	A	N	G	E	L	E	S	S	G	K	R	U	N
T	K	E	A	Y	L	C	T	B	U	E	Z	D	R	Z	T	M	W	H
H	O	O	K	M	E	E	E	U	M	I	R	R	J	U	Q	O	V	E
E	R	H	Q	W	B	W	R	F	R	X	D	I	N	Z	E	N	B	N
B	R	L	X	A	Z	O	C	S	H	N	M	J	N	E	Y	I	O	D
Y	G	O	F	X	G	H	U	V	U	F	T	V	S	G	K	E	B	U
R	M	Q	O	F	W	X	L	R	W	W	Z	U	N	H	I	S	D	R
D	E	Y	L	Q	C	F	T	N	I	G	G	Q	R	B	O	A	Y	I
S	O	S	K	X	H	J	U	L	T	N	A	H	E	N	E	C	L	N
O	X	O	M	J	L	Y	R	M	Z	Q	E	D	D	Z	T	Q	A	G
I	M	I	U	T	J	T	E	P	E	G	M	M	G	Y	F	U	N	M
T	H	I	S	I	S	A	S	E	A	S	O	N	A	U	Q	H	R	Y
P	K	Y	I	J	L	P	K	O	I	G	O	G	H	N	C	D	B	N
X	J	B	C	B	O	Y	W	R	D	P	B	E	A	T	L	E	S	W

BEATLES   ENDURING   THE BYRDS
BOB DYLAN   HARMONIES   PIONEERING
FOLK MUSIC   LOS ANGELES   TURN TURN TURN
TAMBOURINE MAN   COUNTERCULTURE   THIS IS A SEASON

The Ronettes
Be My Baby (1963)

U	G	C	K	C	T	R	O	T	N	P	E	X	R	E	P	C	K	W
F	B	U	B	F	O	K	R	V	V	O	U	P	B	D	R	I	U	I
N	O	Q	X	E	S	F	O	O	G	Z	Q	X	S	W	W	N	Q	R
R	V	X	Q	G	E	W	N	R	L	J	F	V	E	A	C	S	X	F
I	A	G	E	B	E	H	N	E	F	B	B	G	I	L	B	T	P	F
Y	Z	Y	R	C	K	I	I	C	Z	P	W	G	A	L	M	A	G	W
I	J	K	I	P	L	P	E	V	J	H	O	K	E	O	Y	N	E	P
J	L	X	M	T	V	U	S	T	E	K	V	P	F	F	E	T	Q	H
B	G	D	A	W	I	L	P	H	A	H	J	H	S	S	L	H	Q	I
G	W	B	D	U	M	E	E	E	B	Q	A	Z	Q	O	Z	I	A	L
W	Y	B	V	L	Y	K	C	R	K	Y	F	I	K	U	N	T	T	S
Y	Y	E	J	H	R	Q	T	O	W	V	B	Z	R	N	J	G	P	P
V	S	M	T	V	E	R	O	N	I	C	A	G	O	D	T	N	N	E
Z	D	Y	N	U	X	Y	R	E	V	O	G	V	X	J	O	W	N	C
P	Y	B	N	C	S	U	L	T	R	Y	V	O	C	A	L	S	W	T
L	G	A	M	P	L	Y	B	T	M	H	G	N	M	Y	S	U	D	O
B	I	B	R	E	O	E	N	E	W	Y	O	R	K	C	I	T	Y	R
B	D	Y	H	J	Q	U	E	S	Q	P	T	N	P	Q	T	Z	K	P
Z	G	I	R	L	G	R	O	U	P	X	H	E	M	Y	K	S	K	Y

VERONICA   POP SONG   GIRL GROUP
BE MY BABY   INSTANT HIT   THE RONETTES
PHIL SPECTOR   NEW YORK CITY   SULTRY VOCALS
WALL OF SOUND   RONNIE SPECTOR   BEEHIVE HAIRDOS

The Rolling Stones
Ruby Tuesday (1967)

Q	M	Y	R	S	P	O	A	A	Y	K	I	R	M	X	I	C	Z	M	U
A	F	Q	O	E	L	O	R	G	Y	X	P	A	Z	I	J	L	H	P	K
H	Q	N	L	X	D	Q	W	M	G	T	O	S	K	E	X	A	Y	Q	X
F	T	H	L	Y	D	P	Y	R	L	C	O	M	V	O	D	S	A	G	E
O	E	X	I	X	A	D	C	I	K	J	D	O	E	V	L	S	L	D	L
R	F	N	N	X	Z	C	C	G	M	J	L	S	F	D	U	I	Y	Q	B
A	N	U	G	I	F	J	B	O	N	G	R	G	Z	D	I	C	D	F	Z
K	C	U	S	L	G	O	Y	I	N	U	K	E	U	M	A	H	I	U	Z
R	D	U	T	S	I	H	L	I	L	Z	U	H	X	F	Y	I	N	N	M
U	C	B	O	B	T	S	T	K	I	L	N	Q	J	J	K	T	S	E	I
B	H	L	N	A	J	E	H	T	L	A	B	A	O	M	N	V	U	G	C
Y	S	W	E	L	E	M	E	R	O	I	K	O	P	O	N	Q	Y	V	K
T	F	I	S	L	O	Q	O	T	O	G	K	Y	A	I	O	G	X	X	J
U	F	Z	F	A	L	E	O	E	D	C	E	E	I	R	T	M	O	L	A
E	A	S	O	D	O	M	N	U	X	X	K	T	A	R	D	N	Z	X	G
S	U	M	H	Y	G	I	K	C	P	P	R	B	H	B	W	H	Z	M	G
D	B	R	T	L	X	V	D	D	R	Y	D	P	A	E	Q	C	O	B	E
A	H	W	J	R	Y	W	Q	C	M	P	I	J	G	N	R	B	N	T	R
Y	X	R	R	F	R	E	E	S	P	I	R	I	T	E	D	X	S	X	J
V	H	V	V	A	T	Y	H	B	I	F	Q	R	N	R	L	T	V	B	S

BALLAD BAROQUE FOLK LIKE
MICK JAGGER CLASSIC HIT RUBY TUESDAY
FLEETING LOVE FREE SPIRITED BILLBOARD HOT
ROLLING STONES NIGHT TOGETHER ENGLISH ROCK BAND

The Supremes
Baby Love (1964)

```
S E Y B Z W H B R W V A I J H R F C V P V
C U I X R N Y P A Q Y T L B H D X D T M T
H J N D A Y U H R B R V H A Q P Y D X T B
L D I F I N I U F K Y L O I H A N Z I W R
Q M V Y L Y G Z I K U L I M M O T O W N I
D I W W P B K L N Q X T O D R X R T C K E
F I N N K A I L A S A C R V I T S Z E O Q
L F W F B O F L R E B U O H E Q T P X G B
C X N E L Y T L L J T H T D F K K G L N K
G G S E M U H B A B Y L O V E Z J M K V C
R F M E I E E B A C O T O N G O H Y D R Z
D D Q W C C S N D D I A N A R O S S L Z L
I O W K H M U G T H O I R C G M J M B M Y
K Q Q X I W P R T I Z N U D V Y Q Z J C S
V W F B G I R S B M A R Y W I L S O N H Y
I F E M A L E V O C A L G R O U P Z W D L
C S J T N G M C Q S Q R C L I Q K F Y L X
V Y K K G D E O R J H S A L V C U W P Y T
C J M I H F S S J X Q F D X G Q G N T S Y
U O B Z Z E D Y O X U M G H S H G X O H N
R U W B D V L F G S Y L M M B I X G V F W
```

MOTOWN   DETROIT   MICHIGAN
BABY LOVE   BABY LOVE   BILLBOARD
DIANA ROSS   MARY WILSON   BIGGEST HIT
INFLUENTIAL   THE SUPREMES   FEMALE VOCAL GROUP

Roy Orbison
Oh, Pretty Woman (1964)

V	I	K	P	S	Z	Q	J	B	N	N	X	A	W	F	H	H	L	C
Z	N	T	S	E	L	C	T	A	Q	H	B	E	A	C	B	A	I	R
E	D	N	N	Q	F	O	N	L	Y	T	H	E	L	O	N	E	L	Y
P	R	E	X	N	H	V	Y	L	L	E	C	K	U	G	K	M	H	I
S	E	R	C	A	A	F	K	A	V	N	O	D	N	Q	C	W	Z	N
Y	A	T	Y	W	G	H	O	D	E	A	G	A	Y	E	D	V	K	G
E	M	V	V	J	J	B	P	S	P	Q	M	R	N	F	E	M	R	K
G	Z	U	Z	J	G	G	E	L	E	O	Q	K	U	G	K	B	E	D
J	V	P	K	K	O	R	R	M	W	L	A	S	K	R	E	O	A	I
T	Y	G	U	C	P	F	A	Y	C	Z	A	U	P	O	I	Z	V	I
Z	P	A	U	E	L	F	T	O	P	Y	Y	N	M	Y	U	Y	Z	H
X	N	F	G	I	F	T	T	I	V	A	W	A	G	E	O	E	B	B	F
J	I	A	R	O	E	U	C	J	P	Y	F	L	P	R	Y	G	E	M
L	T	G	L	R	V	I	V	B	M	N	B	A	Y	B	S	T	J	X
S	S	L	P	M	S	P	O	C	W	M	K	S	F	I	H	H	Y	A
N	A	H	Y	S	A	A	I	P	S	S	C	S	R	S	V	U	M	J
H	O	L	A	J	J	Z	C	Q	Z	F	Q	E	A	O	N	C	G	C
A	F	L	J	B	Z	F	E	M	M	T	Y	S	O	N	K	F	B	Q
T	C	D	I	S	T	I	N	C	T	I	V	E	S	B	O	E	F	T

CRYING   BALLADS   CLASSIC
IN DREAM   ROY ORBISON   DISTINCTIVE
HALL OF FAME   OPERATIC VOICE   STAGE PRESENCE
OH PRETTY WOMAN   DARK SUNGLASSES   ONLY THE LONELY

Creedence Clearwater Revival
Proud Mary (1969)

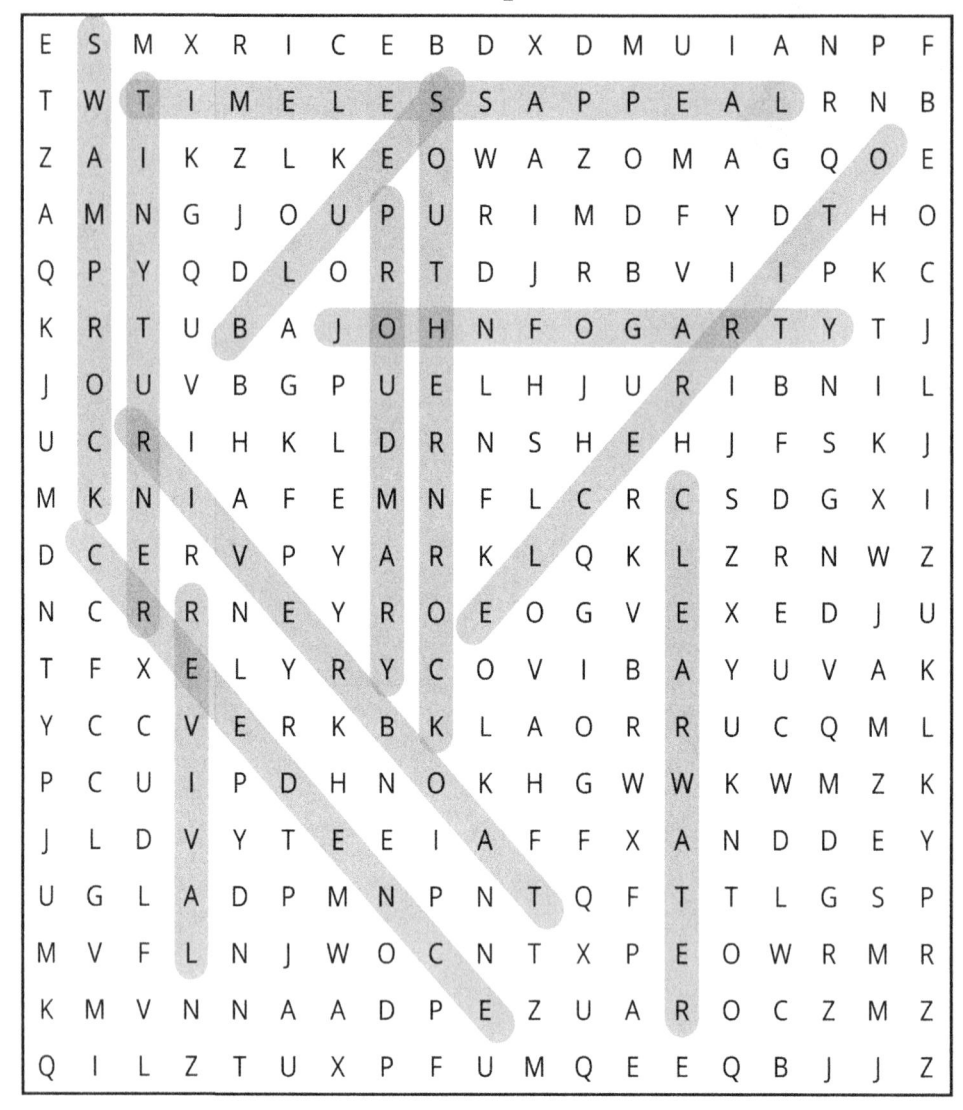

E	S	M	X	R	I	C	E	B	D	X	D	M	U	I	A	N	P	F
T	W	T	I	M	E	L	E	S	S	A	P	P	E	A	L	R	N	B
Z	A	I	K	Z	L	K	E	O	W	A	Z	O	M	A	G	Q	O	E
A	M	N	G	J	O	U	P	U	R	I	M	D	F	Y	D	T	H	O
Q	P	Y	Q	D	L	O	R	T	D	J	R	B	V	I	I	P	K	C
K	R	T	U	B	A	J	O	H	N	F	O	G	A	R	T	Y	T	J
J	O	U	V	B	G	P	U	E	L	H	J	U	R	I	B	N	I	L
U	C	R	I	H	K	L	D	R	N	S	H	E	H	J	F	S	K	J
M	K	N	I	A	F	E	M	N	F	L	C	R	C	S	D	G	X	I
D	C	E	R	V	P	Y	A	R	K	L	Q	K	L	Z	R	N	W	Z
N	C	R	R	N	E	Y	R	O	E	O	G	V	E	X	E	D	J	U
T	F	X	E	L	Y	R	Y	C	O	V	I	B	A	Y	U	V	A	K
Y	C	C	V	E	R	K	B	K	L	A	O	R	R	U	C	Q	M	L
P	C	U	I	P	D	H	N	O	K	H	G	W	W	K	W	M	Z	K
J	L	D	V	Y	T	E	E	I	A	F	F	X	A	N	D	D	E	Y
U	G	L	A	D	P	M	N	P	N	T	Q	F	T	T	L	G	S	P
M	V	F	L	N	J	W	O	C	N	T	X	P	E	O	W	R	M	R
K	M	V	N	N	A	A	D	P	E	Z	U	A	R	O	C	Z	M	Z
Q	I	L	Z	T	U	X	P	F	U	M	Q	E	E	Q	B	J	J	Z

BLUES REVIVAL CREEDENCE
RIVERBOAT CLEARWATER EL CERRITO
SWAMP ROCK PROUD MARY TINY TURNER
JOHN FOGARTY SOUTHERN ROCK TIMELESS APPEAL

James Brown
Papa's Got a Brand New Bag (1965)

FUNK
NAT JONES
HALL OF FAME
GROUDBREAKING

RHYTHM
JAMES BROWN
BRAND NEW BAG
DYNAMIC VOCALS

GROOVE
INFLUENTIAL
GRAMMY AWARDS
GODFATHER OF SOUL

The Beatles
I Want to Hold Your Hand (1963)

G	A	B	J	U	D	R	Q	X	I	P	M	M	V	K	Z	V	T	V	U
G	X	D	T	L	O	N	E	L	Y	H	E	A	R	T	S	F	M	U	F
V	X	X	P	L	T	U	F	R	L	O	C	F	J	X	E	X	M	S	P
A	Q	L	I	V	E	R	P	O	O	L	P	S	I	Q	W	O	G	V	X
X	B	S	J	Q	V	C	R	S	Z	D	M	S	C	O	H	Z	M	W	T
K	I	B	U	P	G	P	H	E	I	Y	K	I	U	C	Q	Z	O	V	L
L	E	L	E	K	I	W	A	F	S	O	S	B	F	U	R	Q	R	G	W
M	X	J	S	Y	M	C	R	I	S	U	N	O	I	P	J	C	P	R	K
C	A	P	V	S	R	O	D	S	M	R	B	H	Q	B	S	L	B	O	X
R	X	D	E	G	Q	O	D	R	T	H	L	S	A	E	N	C	U	C	O
Y	R	S	R	T	N	K	A	J	X	A	N	O	L	A	D	M	X	K	P
T	C	B	A	P	F	L	Y	D	W	N	R	T	U	T	O	X	O	G	I
F	I	U	V	E	U	I	S	X	G	D	A	D	E	T	K	U	C	E	O
B	X	J	R	P	H	J	N	T	V	E	O	U	O	E	N	W	W	N	Z
R	K	P	O	E	V	W	I	M	B	S	E	J	X	M	X	R	P	R	Y
A	O	P	Q	R	E	Q	G	E	Q	S	F	A	H	P	Q	V	Y	E	T
C	B	R	I	T	I	S	H	I	N	V	A	S	I	O	N	C	Q	G	O
A	U	Z	Y	W	W	T	T	O	L	G	E	W	S	B	Z	G	Q	W	N
E	M	W	T	N	T	M	Q	J	G	K	M	N	N	A	Y	M	K	X	O
S	M	Z	K	L	S	E	M	H	I	J	Y	U	M	E	I	A	P	G	X

STARDOM   LIVERPOOL   SGT PEPER
ROCK GENRE   ABBEY ROAD   THE BEATLES
UPBEAT TEMPO   POPULAR MUSIC   LONELY HEARTS
HOLD YOUR HAND   HARD DAYS NIGHT   BRITISH INVASION

Sonny & Cher
I Got You Babe (1965)

K	W	F	T	S	Z	K	D	U	F	W	S	M	K	R	N	M	Q	F
W	I	R	Y	N	E	U	E	S	W	W	M	Y	I	O	M	D	D	H
K	L	J	F	K	A	T	Y	Y	K	D	C	Z	Y	C	Z	I	F	R
M	I	Z	D	G	P	F	Z	E	B	M	A	H	A	C	V	F	J	B
Z	I	R	I	O	Q	W	Q	G	M	V	V	C	E	E	N	V	J	X
I	H	B	V	D	E	I	I	W	S	S	M	A	R	R	I	E	D	W
B	R	D	O	W	U	W	O	D	C	K	G	U	C	X	E	M	Q	U
H	W	C	R	H	D	R	R	I	G	O	T	Y	O	U	B	A	B	E
R	R	O	C	F	E	K	H	R	P	L	M	P	E	E	W	R	P	G
Q	H	T	E	T	N	M	L	F	U	O	G	E	H	V	U	D	N	S
U	J	J	D	Z	A	F	I	C	P	P	P	G	D	Y	Q	A	R	L
D	K	H	T	Y	E	P	R	A	P	H	L	D	N	Y	I	E	R	V
J	I	O	U	A	S	E	F	L	N	L	P	J	U	C	H	I	Q	V
D	H	R	K	L	T	X	D	B	L	S	W	P	I	O	A	O	F	F
D	A	S	O	N	Y	B	O	N	N	O	T	T	Q	H	H	B	U	M
U	D	J	U	H	F	O	L	A	C	E	I	Y	G	P	W	Z	R	R
X	O	O	W	G	S	N	Q	W	N	L	U	N	L	U	Y	O	A	W
L	C	O	N	T	R	A	L	T	O	V	O	I	C	E	B	L	X	I
O	V	V	B	C	G	D	B	P	D	L	S	Q	H	T	Y	V	P	X

CHER   POP DUO   MARRIED
DIVORCED   LONG HAIR   SONY BONNO
POLITICIAN   COMEDY HOUR   I GOT YOU BABE
COUNTERCULTURE   BOHEMIAN STYLE   CONTRALTO VOICE

Nina Simone
I Put a Spell on You (1965)

Q	N	P	O	L	I	T	I	C	A	L	V	O	I	C	E	V	T	B	B
Z	P	I	D	B	T	W	J	L	O	M	J	P	S	N	Z	E	F	N	S
Q	X	C	O	Z	Y	I	X	A	E	G	F	Z	E	N	O	L	H	W	G
P	O	O	I	J	U	P	H	S	Z	J	Y	E	A	S	W	R	Y	I	O
B	R	N	L	F	W	U	M	S	Z	Z	L	A	S	P	G	X	S	M	Y
Z	L	I	U	N	L	T	J	I	X	H	N	U	J	N	E	F	U	U	W
P	E	C	E	B	I	A	G	C	T	A	L	M	K	I	Q	B	L	S	Y
D	O	W	K	S	O	S	G	A	J	M	U	K	B	N	U	W	T	I	Y
I	J	L	I	U	T	P	K	L	F	L	V	I	S	A	K	H	R	H	E
V	F	B	A	P	B	E	P	M	Y	T	E	O	D	S	G	T	Y	S	J
U	Y	Q	K	W	C	L	S	U	E	S	U	M	Z	I	D	N	B	J	Y
F	T	T	C	I	F	L	C	S	J	N	D	H	R	M	Q	E	A	G	Z
A	N	A	N	A	C	O	S	I	O	Z	A	L	Y	O	X	R	L	E	K
D	S	U	I	I	Y	N	P	C	N	F	I	R	K	N	C	B	L	R	E
F	E	A	X	T	M	Y	B	D	P	V	S	Y	W	E	S	P	A	L	Z
T	Z	U	O	X	D	O	F	L	I	R	N	O	E	E	V	K	D	O	M
W	C	M	A	W	A	U	C	C	Q	K	F	O	U	R	W	O	M	E	N
H	H	X	K	F	V	P	X	N	P	X	W	L	J	L	A	Q	Z	L	V
C	U	V	E	Q	B	P	P	B	L	P	B	V	Y	Z	Z	H	H	D	Z
P	L	N	W	N	W	V	X	T	Q	V	I	M	I	R	U	R	X	E	C

JAZZ   BLUES   ICONIC
FOUR WOMEN   NINA SIMONE   CIVIL RIGHTS
SULTRY BALLAD   EUNICE KATHLEEN   CLASSICAL MUSIC
POLITICAL VOICE   PRIESTESS OF SOUL   I PUT A SPELL ON YOU

The Rolling Stones
Gimme Shelter (1969)

```
U P M A T G D Q D V V E T L D Y J V Z W R L F
N Z O D L V X A R Y J M T N W G J A Z G I G D
O N Y L S J F R R F W B D U K Y M K E R F Z X
L E E X I L E O N M A I N S T R E E T V N C H
E M N V S T A G E P R E S E N C E P M N R O Z
T K V Z S D I I B O U N F Z S A F R A E E B R
I V G G D B P C G M P U U Q L M M O T W O F J
T V A F T E R M A T H C E X L U E L P J N X P
B H E R Z E R X U L N P G I M R E L K W A B B
L Q J J Z F F G S L L E D B S H M I O V M K O
E Z T C S E H V C R S Y F S S L Z N X V B K J
E C I J B C T M H P O D C E C E T G Q I U Y A
D N A B M L B W A Q K C M H E B L S D O B N D
O R B J T B U H R U Q M K A A A O T N L Y J U
V Z D N B X L E I S I M N B W R M O Z E K P Z
C S G I H E Q O S G T C Q V A Z G N K N T U W
F S D N X O M Y M R J L X R R N X E G C S U S
V H Z P L Y B N A C B P O B B B D S D E Z T B
P G Q V D J G N T R R E Q E D E L Q O Z U R M
T Q F U I X N C I N B U H X W R A N H U R O J
A G T K A T P I C D D E B V U O Z N C D I Z S
B B U I M A H P K H S B V Z G O S S V Z B Q N
M J E K O F B A X C T K R N Q M S X B N P M P
```

WAR	BLUES	VIOLENCE
AFTERMATH	ROCK BAND	CHARISMATIC
LET IT BLEED	GIMME SHELTER	ROLLING STONES
STAGE PRESENCE	POLITICALLY CHARGED	EXILE ON MAIN STREET

The Box Tops
The Letter (1967)

T	Y	M	T	G	O	H	X	J	I	M	R	L	M	Z	Y	P
X	V	K	L	E	C	P	Q	B	I	G	S	T	A	R	T	V
Y	F	D	K	S	N	M	O	I	D	A	P	Y	I	Z	H	O
W	A	O	B	T	J	N	P	P	G	K	D	M	N	M	E	C
S	B	L	U	E	E	Y	E	S	S	O	U	L	S	D	B	S
K	X	I	Z	O	H	Q	C	S	L	O	W	I	T	G	O	L
M	N	D	L	V	S	I	Z	E	S	J	N	A	R	R	X	Y
X	F	Y	I	L	M	V	M	D	R	E	Z	G	E	D	T	Y
A	P	P	Q	S	B	Y	U	E	I	C	E	K	A	I	O	U
V	I	C	R	C	H	O	T	B	E	M	Z	Y	M	F	P	H
R	M	Z	Y	C	S	T	A	X	R	E	C	O	R	D	S	P
N	S	N	T	H	E	D	K	R	I	M	X	Q	Q	Z	O	U
H	N	A	U	L	N	V	Z	E	D	P	G	C	L	E	S	R
D	C	S	E	N	A	L	E	X	C	H	I	L	T	O	N	I
W	R	H	A	S	B	L	B	W	V	I	O	F	F	V	G	S
N	T	E	P	M	I	N	T	Z	B	S	O	T	C	Y	O	V
O	D	C	C	R	O	Z	S	F	Q	I	E	B	D	M	U	V

MEMPHIS   BIG STAR   POP SONG
TENNESSEE   THE LETTER   MAINSTREAM
THE BOX TOPS   ALEX CHILTON   STAX RECORDS
CATCHY MELODY   BILLBOARD HOT   BLUE EYES SOUL

~ 150 ~

The Monkees
I'm a Believer (1966)

D	W	D	X	Z	U	N	T	E	G	F	Q	C	V	J	O	Q	C	B
A	D	T	Q	E	U	L	E	K	E	D	X	P	V	O	K	X	K	O
V	W	G	H	N	X	I	L	I	R	O	S	O	K	D	Y	I	O	L
Y	G	L	N	A	C	T	E	N	L	L	E	P	V	Q	B	L	F	J
J	U	G	V	S	S	R	V	A	X	D	M	E	X	D	J	R	I	O
O	P	H	V	H	M	A	I	W	P	T	I	R	Y	S	K	B	E	F
N	E	X	N	U	D	T	S	M	M	S	C	A	P	O	D	U	L	I
E	T	M	M	N	V	T	I	C	A	Z	H	P	M	C	Y	O	R	Q
S	E	X	R	A	U	T	O	A	N	B	A	R	Q	O	I	Q	R	M
L	R	R	F	C	S	C	N	E	L	Y	E	R	E	P	N	S	S	Z
O	T	S	N	S	K	H	L	U	C	V	L	L	D	K	O	D	Z	B
V	O	P	O	P	R	O	C	K	B	A	N	D	I	J	V	S	I	B
G	R	W	R	Q	D	R	V	T	P	R	E	H	G	E	X	F	I	W
J	K	I	K	Y	S	F	E	K	K	S	S	M	C	N	V	X	Q	O
J	V	X	K	T	G	U	Z	T	H	E	M	O	N	K	E	E	S	A
B	H	C	K	X	B	G	Y	L	M	C	I	V	Y	H	R	M	R	M
N	I	Z	K	N	A	F	L	F	O	V	T	D	L	M	Z	O	E	F
M	M	S	M	A	S	H	M	O	U	T	H	N	U	G	I	Z	R	K
G	Y	K	K	F	Z	A	A	H	H	Q	G	E	Y	N	F	Y	E	V

SHREK POP ERA TELEVISION
DAVY JONES PETER TORK THE MONKEES
SMASH MOUTH MICKY DOLENZ NEIL DIAMOND
IM A BELIEVER POP ROCK BAND MICHAEL NESMITH

~ 151 ~

Wilson Pickett
In the Midnight Hour (1965)

J	U	H	Q	J	B	K	M	R	B	J	B	P	V	I	E	P	Y	E	U
S	O	U	L	M	U	S	I	C	W	Q	W	F	W	W	T	Y	P	C	L
F	R	V	O	P	Y	I	D	S	Z	X	C	G	Y	T	I	Y	V	W	V
K	U	I	I	N	V	A	N	V	B	V	F	H	E	X	C	J	U	Z	Z
X	U	N	V	Q	S	S	I	G	P	V	S	K	T	G	O	C	D	G	Z
G	Y	M	K	S	F	U	G	A	Q	D	C	M	I	I	N	L	Y	G	T
K	O	U	C	Y	B	B	H	O	N	I	T	Z	M	W	I	S	C	V	Q
W	D	S	X	P	B	F	T	C	P	D	L	S	E	S	C	V	H	R	Y
F	N	T	P	F	R	R	H	N	F	P	V	I	L	P	F	N	V	Y	D
X	O	A	F	E	Q	J	O	R	S	X	L	I	E	T	I	T	M	N	J
R	I	N	T	M	L	S	U	A	C	X	S	B	S	F	G	P	E	C	N
G	X	G	Y	Q	L	S	R	P	D	R	I	P	S	E	U	I	M	O	L
V	Q	S	K	I	S	Z	I	L	M	W	K	K	C	V	R	K	P	T	X
V	W	A	W	H	X	E	X	N	L	Z	A	O	L	E	E	G	H	Y	P
T	L	L	E	J	W	M	D	G	G	N	Q	Y	A	H	S	W	I	N	E
E	S	L	D	G	S	O	U	T	H	E	R	N	S	O	U	L	S	G	Q
M	J	Y	C	S	E	R	R	J	S	V	R	H	S	E	Y	N	B	X	I
O	L	N	A	A	N	K	J	D	K	T	B	N	I	M	S	T	Z	T	F
O	T	Q	F	A	L	C	O	N	S	Q	R	Q	C	K	M	Z	R	K	E
F	X	Y	G	P	X	S	T	A	X	R	E	C	O	R	D	S	C	O	T

FALCONS   MEMPHIS   SOUL MUSIC
STAX RECORDS   MIDNIGHT HOUR   SOUTHERN SOUL
GOSPEL SINGER   MUSTANG SALLY   WILSON PICKETT
ICONIC FIGURES   FUNKY BROADWAY   TIMELESS CLASSIC

Janis Joplin
Piece of My Heart   (1968)

```
K I T Q F D O Z X K E T H N P V Z H J T
I R C T V N U Z U L W Z X R Z M N I Y V
R X D R O C K A N D R O L L R Z O Z C B
W D T R S J H Z Q L I N P O C W H I A L
T H A B C H A H E U F J S V R G N R T R
S T T B B V K N R A Y R O L R O E A H L
D O S K L G G R I Q D H C E C R I N A E
L Y U S T U G T X S E Q H I J I D U R G
Z M E L B B E D T P J T E J N N V U T A
Q E G C S Y B S E G O O A B Z F T D I C
Y H Q G T I D K N R A Z P K G L U U C Y
Q G N I R J N X B Z V S T L U U K L S L
O H I O G I N G P E R H H C I E E B C X
R W V O H W I J E T D V R E I N P C R I
R U X S F B P T K R Y E I H K T I G E V
H W E W C S F T S P T Z L V E I O V A X
O R S O B R S Y Z N P K L Y M A G T M E
G Q B N T O S A U D Y N S X U L W T U Y
T E P I E C E O F M Y H E A R T G U C Z
A U W X I R C X P M A K C V O J B Y A T
```

BLUES	LEGACY	ICONIC
SOUL SINGER	INFLUENTIAL	BIG BROTHER
JANIS JOPLIN	ROCK AND ROLL	CHEAP THRILLS
COUNTERCULTURE	CATHARTIC SCREAM	PIECE OF MY HEART

~ 153 ~

The Beatles
Come Together   (1969)

C	H	D	L	C	C	G	J	O	E	K	K	J	D	B	L	E	O	U	C	X
G	S	K	J	O	W	K	N	R	A	A	E	V	U	R	Q	H	H	A	L	P
V	W	H	O	E	N	J	I	M	Q	I	M	C	N	I	W	F	J	D	I	A
H	G	R	Q	O	C	L	P	R	H	M	W	B	F	T	K	R	O	U	V	Z
B	V	Z	T	H	O	M	E	A	N	M	S	A	R	I	E	Q	U	L	E	Z
G	M	J	N	G	M	A	L	Y	U	A	U	X	T	S	T	Q	G	F	R	J
Y	G	D	A	K	E	E	Q	E	H	L	X	P	P	H	H	E	B	H	P	F
Q	L	Y	E	A	T	O	J	K	A	E	M	V	R	I	Q	S	U	Y	O	X
T	L	O	E	B	O	L	R	O	B	G	A	C	H	N	A	O	N	K	O	R
J	N	U	U	B	G	L	E	G	H	X	K	R	C	V	J	B	V	E	L	Y
A	P	T	Y	E	E	C	P	E	E	N	J	Y	T	A	J	O	H	Z	B	G
S	B	H	N	Y	T	I	R	I	S	H	L	F	G	S	R	D	R	T	U	C
U	A	C	I	R	H	Y	A	E	V	S	A	E	E	I	C	T	R	S	X	S
A	L	U	U	O	E	P	L	V	Y	N	Z	R	N	O	M	L	N	Z	N	H
L	U	L	F	A	R	T	H	G	Q	Q	C	N	R	N	R	C	U	E	X	L
V	T	T	W	D	A	X	K	K	N	T	N	H	J	I	O	G	H	B	Y	I
N	O	U	F	E	T	K	X	H	A	R	D	D	A	Y	S	N	I	G	H	T
Z	V	R	B	V	T	L	Q	P	G	I	M	N	H	J	C	O	X	H	A	P
P	R	E	Z	M	N	L	J	M	O	D	Z	Z	I	K	W	N	N	U	G	P
Y	H	C	J	S	R	I	N	G	O	S	T	A	R	R	B	C	A	D	D	I
T	E	I	S	C	G	O	R	I	R	K	X	H	T	X	Y	H	W	W	E	Y

LIVERPOOL ABBEY ROAD THE BEATLES
JOHN LENNON RINGO STARR COME TOGETHER
YOUTH CULTURE PAUL MCCARTNEY HARD DAYS NIGHT
GEORGE HARRISON BRITISH INVASION LONLEY HEARTS CLUB

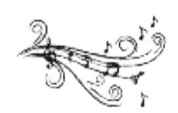

Dion
Runaround Sue (1961)

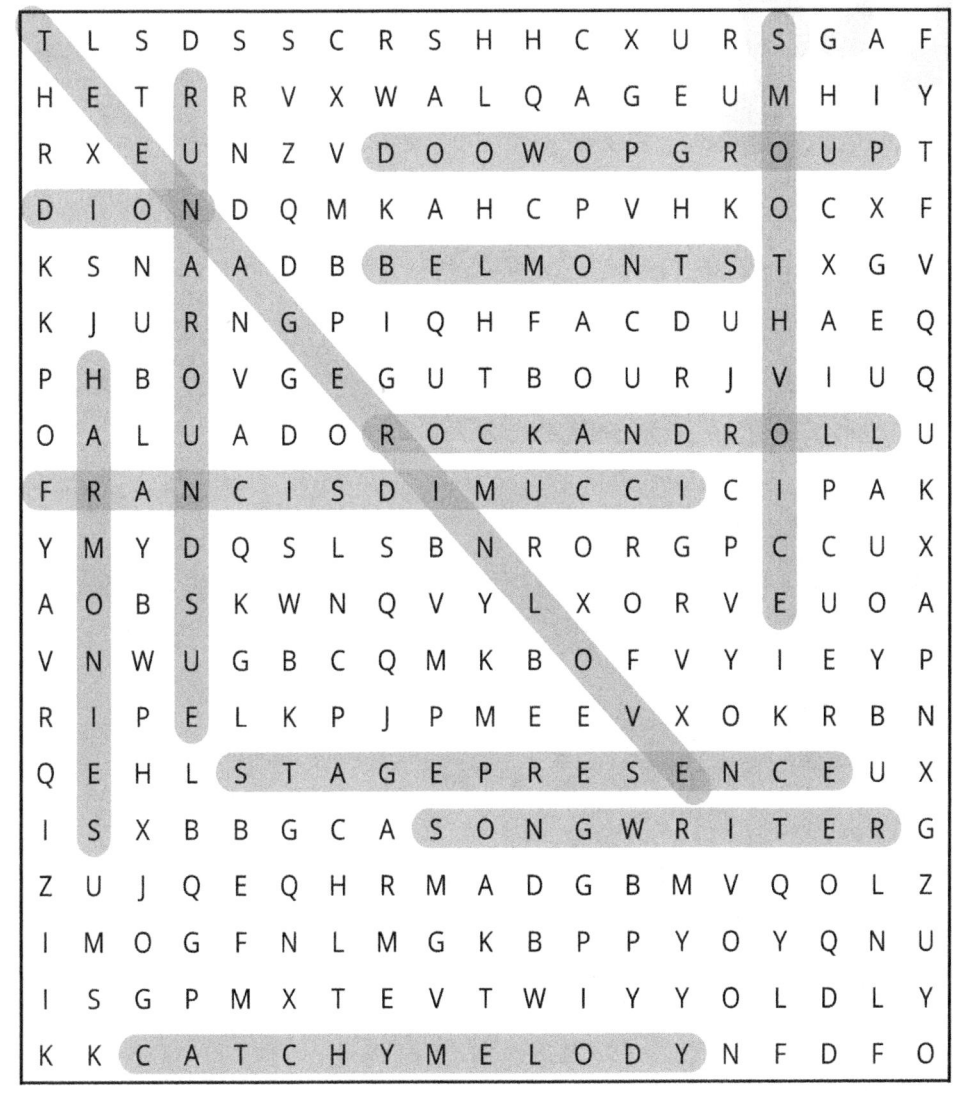

T	L	S	D	S	S	C	R	S	H	H	C	X	U	R	S	G	A	F
H	E	T	R	R	V	X	W	A	L	Q	A	G	E	U	M	H	I	Y
R	X	E	U	N	Z	V	D	O	O	W	O	P	G	R	O	U	P	T
D	I	O	N	D	Q	M	K	A	H	C	P	V	H	K	O	C	X	F
K	S	N	A	A	D	B	B	E	L	M	O	N	T	S	T	X	G	V
K	J	U	R	N	G	P	I	Q	H	F	A	C	D	U	H	A	E	Q
P	H	B	O	V	G	E	G	U	T	B	O	U	R	J	V	I	U	Q
O	A	L	U	A	D	O	R	O	C	K	A	N	D	R	O	L	L	U
F	R	A	N	C	I	S	D	I	M	U	C	C	I	C	I	P	A	K
Y	M	Y	D	Q	S	L	S	B	N	R	O	R	G	P	C	C	U	X
A	O	B	S	K	W	N	Q	V	Y	L	X	O	R	V	E	U	O	A
V	N	W	U	G	B	C	Q	M	K	B	O	F	V	Y	I	E	Y	P
R	I	P	E	L	K	P	J	P	M	E	E	V	X	O	K	R	B	N
Q	E	H	L	S	T	A	G	E	P	R	E	S	E	N	C	E	U	X
I	S	X	B	B	G	C	A	S	O	N	G	W	R	I	T	E	R	G
Z	U	J	Q	E	Q	H	R	M	A	D	G	B	M	V	Q	O	L	Z
I	M	O	G	F	N	L	M	G	K	B	P	P	Y	O	Y	Q	N	U
I	S	G	P	M	X	T	E	V	T	W	I	Y	Y	O	L	D	L	Y
K	K	C	A	T	C	H	Y	M	E	L	O	D	Y	N	F	D	F	O

DION   BELMONTS   HARMONIES
SONGWRITER   SMOOTH VOICE   ROCK AND ROLL
DOO WOP GROUP   RUNAROUND SUE   CATCHY MELODY
STAGE PRESENCE   FRANCIS DIMUCCI   TEENAGER IN LOVE

The Lovin' Spoonful
Summer in the City (1966)

S	P	V	R	R	O	J	K	B	P	C	T	N	G	E	M
D	S	U	U	W	S	U	M	M	E	R	X	I	R	Z	R
I	B	P	J	Y	E	E	M	I	E	P	M	K	P	W	E
N	G	P	O	L	A	N	B	M	W	B	A	Z	M	E	U
T	E	U	P	O	V	D	A	A	H	Y	W	D	J	S	S
H	O	W	M	D	N	F	I	Z	S	O	G	P	W	A	D
E	C	B	Y	Z	F	F	O	W	C	T	M	T	T	Z	C
C	G	U	C	O	R	C	U	J	E	H	I	W	M	G	R
I	X	T	L	H	R	H	Y	L	K	Z	N	A	N	E	A
T	D	L	J	I	B	K	J	A	X	G	W	V	N	P	J
Y	A	E	O	U	S	J	C	A	B	S	I	O	E	C	A
H	C	R	Q	V	G	B	S	I	M	B	O	A	N	I	H
I	J	Q	O	O	I	B	U	M	T	B	Z	D	A	A	K
L	S	N	U	V	N	N	A	Q	C	Y	R	C	N	E	I
N	A	R	O	C	K	B	A	N	D	Y	M	K	S	P	Y
Y	Y	T	Z	B	F	B	U	E	D	Z	H	I	K	G	K

LOVIN   BOONE   SUMMER
BUTLER   SPOONFUL   JUG BAND
YANOVSKY   ROCK BAND   SEBASTIAN
IN THE CITY   HALL OF FAME   NEW YORK CITY

The Beach Boys
Wouldn't It Be Nice (1966)

I	P	Q	P	N	N	R	J	R	L	G	U	V	S	S	M	X	C	G	P
B	D	I	B	V	O	A	J	O	I	E	D	E	R	U	R	Z	P	E	N
A	E	I	S	C	W	S	C	M	L	J	X	C	G	L	Z	V	N	S	X
N	H	A	Q	U	W	U	H	A	R	M	O	N	I	E	S	K	X	A	E
Q	J	P	C	Y	R	R	U	N	L	M	V	Y	B	G	A	U	F	R	N
X	X	D	C	H	P	F	L	C	W	I	T	R	W	F	R	S	C	U	V
E	M	Z	W	B	B	R	I	E	M	I	F	Z	R	D	Q	S	Y	K	Y
C	D	O	B	V	H	O	R	N	I	G	E	O	D	A	L	Y	B	J
Q	E	L	I	T	A	C	Y	J	G	F	T	T	R	N	F	M	O	Y	X
J	F	A	L	F	W	K	H	S	N	Q	E	P	U	N	O	S	D	H	F
H	O	L	L	Q	T	S	P	L	Y	A	X	O	A	H	I	O	N	U	E
P	E	A	B	Z	H	O	C	T	G	J	S	D	F	R	L	A	A	F	H
Q	J	F	O	W	O	U	L	D	N	T	I	T	B	E	N	I	C	E	N
G	P	Q	A	A	R	N	J	F	E	Z	C	K	M	U	X	D	O	R	Q
X	E	K	R	H	N	D	B	P	D	M	K	O	I	H	O	O	N	K	P
S	O	D	D	F	E	K	U	R	F	Y	Z	P	V	E	X	L	A	A	G
S	R	A	H	Y	M	W	Z	U	W	C	W	M	G	I	Z	O	U	M	M
S	V	P	O	P	A	N	D	R	O	C	K	W	L	P	G	H	B	T	O
T	E	Z	T	L	R	K	M	I	U	S	Y	T	Q	G	I	X	C	Q	I
X	C	Q	H	D	U	B	C	P	P	O	I	D	H	G	W	H	M	L	L

MELODY SURFING ROMANCE
HAWTHORNE HARMONIES BEACH BOYS
CALIFORNIA PET SOUNDS POP AND ROCK
BILLBOARD HOT SURF ROCK SOUND WOULDNT IT BE NICE

~ 157 ~

Jimi Hendrix
All Along the Watchtower (1968)

R	E	M	E	Q	V	W	T	J	Z	K	O	O	M	Y	D	J	J	Q	F	O	E	O
Q	D	M	L	E	H	Q	L	O	D	Z	M	U	G	N	X	Z	T	X	Q	P	G	E
A	G	K	B	Q	B	A	Z	E	I	H	G	Y	O	T	X	W	Z	R	R	E	T	Y
B	P	X	W	K	X	Y	X	C	S	A	E	X	S	D	S	B	Z	K	N	G	P	T
B	F	F	N	D	R	C	O	M	T	I	N	I	Y	Z	J	L	I	F	Z	D	W	E
A	M	A	Q	W	E	G	G	P	O	Q	R	Y	G	J	N	U	D	Z	W	G	J	C
F	M	Z	R	P	K	P	R	L	R	A	E	Y	W	D	L	E	V	M	F	B	N	H
F	O	L	O	A	L	O	N	G	T	H	E	W	A	T	C	H	T	O	W	E	R	N
C	R	D	C	X	Z	I	G	I	I	F	Z	A	O	N	U	Z	I	D	F	R	A	I
H	Z	M	K	K	I	R	U	K	O	O	Z	G	E	N	H	L	S	H	C	T	I	C
X	V	I	J	H	N	W	G	F	D	N	G	E	I	C	I	V	T	J	Z	S	U	T	A
K	R	T	I	F	W	E	L	E	C	T	R	I	C	L	A	D	Y	L	A	N	D	L
W	V	H	S	M	H	A	S	N	L	E	H	I	H	Z	B	A	F	U	O	W	S	M
A	Q	F	T	E	I	V	A	V	P	I	D	P	S	Y	C	H	E	D	E	L	I	A
P	L	H	O	Q	V	H	W	X	L	L	U	I	L	Y	S	Z	N	S	R	Q	J	S
U	O	T	R	C	X	R	E	W	J	R	B	W	X	S	K	O	V	H	N	F	Q	T
D	E	H	Y	R	D	U	Z	N	Y	C	K	X	P	U	L	V	K	C	V	C	D	E
R	R	F	K	B	O	Y	S	L	D	D	W	A	K	B	P	U	S	N	R	A	O	R
Z	F	U	A	Y	L	Z	A	A	E	R	H	U	B	P	L	Z	S	H	E	Q	P	Y
P	W	S	E	A	T	T	L	E	G	Y	I	H	O	Q	Q	Z	F	J	G	N	H	C
P	A	R	N	J	S	T	T	Q	T	C	C	X	T	W	B	J	Z	Q	E	T	L	I
R	A	O	I	H	M	B	Q	Y	M	G	E	W	F	V	C	J	P	E	G	Z	R	I
I	F	A	W	H	F	N	B	H	H	F	P	T	K	W	J	D	T	N	W	I	D	M

GENRE	LONDON	SEATTLE
GUITARIST	DISTORTION	PSYCHEDELIA
JIMI HENDRIX	ROCK HISTORY	TECHNICAL MASTERY
ELECTRIC LADYLAND	ARE YOU EXPERIENCED	ALONG THE WATCHTOWER

~158~

The Rascals
Groovin' (1967)

```
E O T N H P F U L B O N E I Z H B I E G U K
J G W T T P P Z I L D E F X C U J N A T C K
O G U W E E I A H F I N P C T E D O Q M W P
A I W K I O L V W B C C B Z W Q Y C T O B U
V V M L T P L N M E H T F V R F F X P Z Y D
T D Y I H L Z P N A D X X P I X X I C C N V
E C I C E E A D J B F K O C O Z C C I F R T
W G U L R G B I L P C V P O A X S J N Z W T
T F Z G A O A R D L R B M R E S U D R U W U
S J V I S T S X O B G I R N U Z A S V E V N
G A C X C T I M Z C A B T I P M M Q G L I L
N Y I H A O M N K T K C N S G W W U O V Z L
N L M O L B G S I A B B K H S A P K O H G U
D Q O F S E K W R N P Z A L J H T O D Z T U
B O K M U F H J I Y S B R N R O R I L W Q G
O M L Z U R Y L X T R P P O D G W T O F F Y
H N T Z X E L F T D I U I V G J O J V A H O
E A M P J E C A V A L I E R E R P M I S G L
Y R N I N H A L L O F F A M E T I S N D W S
G D L A P V B V W R T M V W F D T M K T E R
K M D C B V Z I G T S G I K T F O N C Y G E
V W N N W T N J Y A S K C Y G Q E V F F Y B
```

GROOVIN	BRIGATI	CORNISH
DANELLI	ROCK BAND	CAVALIERE
LAID BACK	GOOD LOVIN	THE RASCALS
HALL OF FAME	LATIN-INSPIRED	PEOPLE GOT TO BE FREE

The End

Printed in Dunstable, United Kingdom